课件实例效果赏析

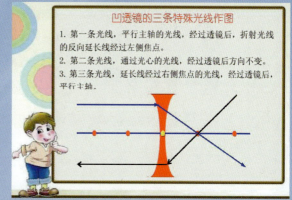
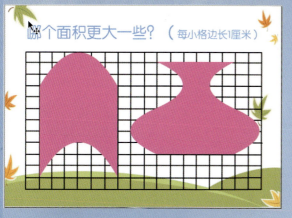

课件实例效果赏析

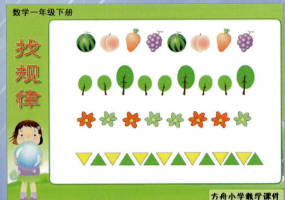

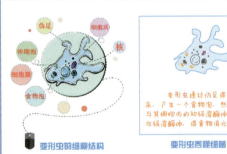

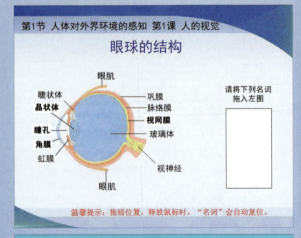

课件实例效果赏析

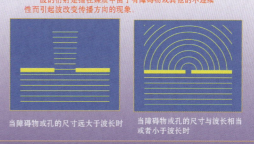

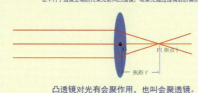

课件实例效果赏析

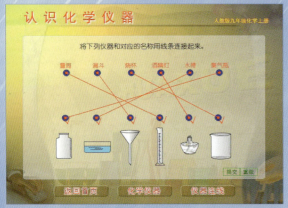

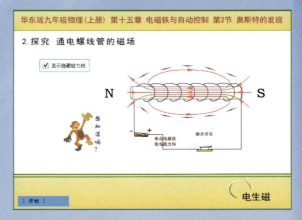

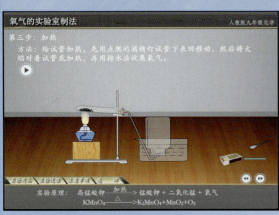

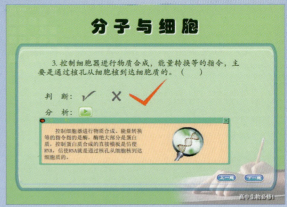

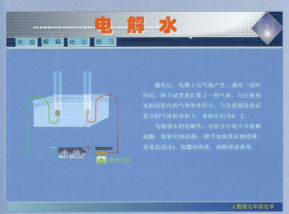

高等学校计算机应用规划教材

Flash 多媒体课件制作实例教程

（第 3 版）（微课版）

方其桂　主编

清华大学出版社

北　京

内 容 简 介

应用多媒体 CAI 课件辅助教学是新世纪教师必须具备的一种技能。本书着重介绍使用 Flash 制作多媒体 CAI 课件的方法与技巧，书中实例均选自中小学各学科的典型内容。全书图文并茂，用图文来分解复杂的步骤，注重基础知识的介绍与应用技巧相结合，通过丰富、实用的实例讲解，使读者轻松掌握 Flash 的应用技巧。

本书不仅可以作为高等院校、师范院校的教材，还可以作为广大中小学、大中专教师学习制作 Flash 多媒体 CAI 课件的自学教材，或作为各种多媒体 CAI 课件制作培训班的教学用书。

本书封面贴有清华大学出版社防伪标签，无标签者不得销售。
版权所有，侵权必究。举报：010-62782989，beiqinquan@tup.tsinghua.edu.cn。

图书在版编目(CIP)数据

Flash 多媒体课件制作实例教程：微课版 / 方其桂 主编. —3 版. —北京：清华大学出版社，2019（2023.8 重印）
(高等学校计算机应用规划教材)
ISBN 978-7-302-51097-0

Ⅰ. ①F… Ⅱ. ①方… Ⅲ. ①多媒体课件—动画制作软件—高等学校—教材 Ⅳ. ①G436

中国版本图书馆 CIP 数据核字(2018)第 195626 号

责任编辑：刘金喜
封面设计：常雪影
版式设计：思创景点
责任校对：牛艳敏
责任印制：刘海龙

出版发行：清华大学出版社
    网　　址：http://www.tup.com.cn，http://www.wqbook.com
    地　　址：北京清华大学学研大厦 A 座　　　　**邮　　编**：100084
    社 总 机：010-83470000　　　　　　　　　　　**邮　　购**：010-62786544
    投稿与读者服务：010-62776969，c-service@tup.tsinghua.edu.cn
    质 量 反 馈：010-62772015，zhiliang@tup.tsinghua.edu.cn

印 装 者：三河市君旺印务有限公司
经　　销：全国新华书店
开　　本：185mm×260mm　　**印　张**：16.75　　**插　页**：2　　**字　数**：407 千字
　　　　　　(附光盘 1 张)
版　　次：2012 年 5 月第 1 版　　2019 年 1 月第 3 版　　**印　次**：2023 年 8 月第 7 次印刷
定　　价：69.00 元

产品编号：078844-02

前 言

一、学习课件制作的意义

多媒体 CAI 课件集文本、声音、视频、动画于一体，生动形象，在吸引学生注意力和创设教学情境方面，具有其他教学手段不可比拟的优势，设计、制作、使用多媒体 CAI 课件就是新时期大中小学教师必备的一种信息技术应用能力。制作多媒体 CAI 课件的软件有很多，其中 Flash 是最常用的一款课件制作软件，它易学易用，不仅能图文并茂、有声有色、生动活泼地把授课内容形象地表达出来，而且也容易达到最佳的教学效果，在课件制作中被广泛应用。

二、本书修订

《Flash 多媒体课件制作实例教程》出版后，受到读者肯定，已累计印刷 4 次。我们这次组织优秀教师对此书进行第 2 次修订，修订时主要做了以下几方面的改进。

- 更新软件：将所涉及的软件更新到最新版本，将软件升级为 Flash CS6 版。
- 更换案例：更新了多数课件案例，使之更贴近教学实践。
- 优化内容：补充一些实用性、技巧性强的内容，使其更切合课件制作所需。
- 完善体系：进一步精心修改完善内容，使内容的分布和知识点的详略科学、有度。

三、本书结构

本书是专门为一线教师、师范院校的学生和专业从事多媒体课件开发的人员编写的教材，为便于学习，设计了如下栏目。

- 跟我学：每个实例都通过"跟我学"轻松学习掌握，其中包括多个"阶段框"，将任务进一步细分成若干个更小的任务，降低阅读难度。
- 创新园：对所学知识进行多层次的巩固和强化。
- 小结与习题：对全章内容进行归纳、总结，同时用习题来检测学习效果。

四、本书特色

本书打破传统写法，各章节均以课堂教学中的实例入手，逐步深入介绍 Flash 多媒体 CAI 课件的制作方法和技巧，同时增加了选择、填空、判断、连线、填表、填图、绘图等练习型课件，以及交互式、触发式、综合型课件的具体制作方法。本书有以下几个特点。

- 内容实用：本书所有实例均选自现行教材，涉及了中小学主要学科，内容编排结构合理。
- 图文并茂：在介绍具体操作步骤过程中，语言简洁，基本上每一个步骤都配有对应的插图，用图文来分解复杂的步骤。路径式图示引导，便于读者一边翻阅图书，一边上机操作。
- 提示技巧：本书对读者在学习过程中可能会遇到的问题以"小贴士"和"知识库"的形式进行了说明，以免读者在学习过程中走弯路。
- 便于上手：本书以实例为线索，利用实例将课件制作技术串联起来，书中的实例都非常典型、实用。

五、教学资源

为便于教学，本书提供了书中实例制作所用的素材，并提供了实例的源程序及制作完成的完整课件，对这些课件稍加修改就可以在实际教学中使用；也可以以这些课件实例为模板稍作修改，举一反三，制作出更多、更实用的课件。同时考虑到许多师范院校选择本书作为教材，还提供有配套的教学课件、微课。资源获取方式见文前"教学资源使用说明"。

六、本书作者

参与本书修订编写的作者有省级教研人员、课件制作获奖教师，他们不仅长期从事计算机辅助教学方面的研究，而且都有较为丰富的计算机图书编写经验。

本书由方其桂主编，张青、王丽娟担任副主编。周木祥负责编写第 1、5 章，王丽娟负责编写第 2、3 章，张青负责编写第 4、6 章，赵青松负责编写第 7、8 章，随书光盘由方其桂整理制作。参与本书编写的还有梁辉、梁祥、赵家春、唐小华、刘蓓、夏兰、殷小庆、张小龙、周本阔、陈晓虎、贾波、张晓丽、王军、宣国庆等，感谢提供实例课件的作者。

虽然我们有着十多年撰写课件制作方面图书(累计已编写、出版三十多本)的经验，并尽力认真构思验证和反复审核修改，但仍难免有一些瑕疵。我们深知一本图书的好坏，需要广大读者去检验评说，在这里，我们衷心希望您对本书提出宝贵的意见和建议。读者在学习使用过程中，对同样实例的制作，可能会有更好的制作方法，也可能对书中某些实例的制作方法的科学性和实用性提出质疑，敬请读者批评指正。

服务电子邮箱为 476371891@qq.com。

方其桂
2018 年春

教学资源使用说明

感谢您选用《Flash 多媒体课件制作实例教程(第 3 版)(微课版)》,为便于学习,本书附配教学资源,内容如下。

1. 本书实例

本书实例包括写作本书时所介绍的实例及相关素材,供读者在阅读本书时参考。同时读者对这些实例稍作修改就可以直接应用于教学。在计算机中安装好本书介绍的相关软件后,双击相应的实例文件,即可用相应软件将其打开。

2. 教学课件

为便于教学,本书提供了 PPT 教学课件,降低了教师的备课难度。

3. 自学微课

作者精心制作了与本书相配套的 29 个(150 分钟)多媒体微课视频,供读者自主学习,并可应用于课堂教学。

多媒体微课视频也以二维码的形式呈现在书中,读者可通过移动终端扫码播放,实现随时随地无缝学习。

4. 经典实例

精选了本书之前版本中所讲述的经典课件实例,供读者参考使用。

5. 优秀微课

从安徽省中小学信息技术教师基本功竞赛中遴选出 20 个小学、初中最优秀课件,供制作课件时借鉴。

6. 习题答案

本书每章后面所附习题的参考答案,供读者检验学习效果。

本书相关资源关联网站为 http://www.ahjks.cn,欢迎访问。

读者可通过扫描右侧二维码,将链接地址推送到自己的邮箱,从百度网盘下载上述资源。服务邮箱: 476371891@qq.com。

教学资源下载

目 录

第1章 Flash课件制作基础 ……1
1.1 Flash 基础知识 ……2
1.1.1 Flash 操作界面 ……2
1.1.2 Flash 文档操作 ……6
1.2 Flash 基本操作 ……9
1.2.1 图层 ……9
1.2.2 帧 ……12
1.2.3 元件和实例 ……14
1.2.4 场景 ……16
1.3 小结和习题 ……18
1.3.1 本章小结 ……18
1.3.2 强化练习 ……18

第2章 添加课件内部素材 ……19
2.1 添加文字 ……20
2.1.1 添加静态文字 ……20
2.1.2 添加框架文本 ……24
2.2 添加图形 ……28
2.2.1 绘制图形 ……28
2.2.2 编辑美化图形 ……35
2.3 小结和习题 ……40
2.3.1 本章小结 ……40
2.3.2 强化练习 ……40

第3章 添加课件外部素材 ……43
3.1 添加图像 ……44
3.1.1 导入图像 ……44
3.1.2 编辑图像 ……47
3.2 添加音频 ……52
3.2.1 导入音频 ……52
3.2.2 编辑音频 ……56
3.3 添加视频 ……60
3.3.1 使用元件添加视频 ……60
3.3.2 使用播放组件添加视频 ……64
3.4 小结和习题 ……68
3.4.1 本章小结 ……68
3.4.2 强化练习 ……68

第4章 Flash课件对象操作 ……69
4.1 对齐与排列对象 ……70
4.1.1 对齐对象 ……70
4.1.2 排列对象 ……74
4.2 变形对象 ……75
4.2.1 缩放对象 ……76
4.2.2 旋转和倾斜对象 ……79
4.2.3 翻转对象 ……83
4.3 合并对象 ……85

  4.3.1 联合对象 …………………… 86
  4.3.2 交集对象 …………………… 88
  4.3.3 打孔对象 …………………… 91
  4.3.4 裁切对象 …………………… 95
 4.4 编组与分离对象 …………………… 97
  4.4.1 创建对象组 ………………… 98
  4.4.2 编辑对象组 ………………… 98
  4.4.3 分离对象组 ………………… 101
 4.5 小结和习题 ………………………… 105
  4.5.1 本章小结 …………………… 105
  4.5.2 强化练习 …………………… 105

第 5 章 制作课件动画效果 …………… 107
 5.1 制作逐帧动画 ……………………… 108
  5.1.1 文字逐帧动画 ……………… 108
  5.1.2 图形逐帧动画 ……………… 112
 5.2 制作补间动画 ……………………… 120
  5.2.1 运动补间动画 ……………… 121
  5.2.2 形状补间动画 ……………… 124
 5.3 制作引导和遮罩动画 ……………… 129
  5.3.1 制作引导动画 ……………… 129
  5.3.2 制作遮罩动画 ……………… 134
 5.4 小结和习题 ………………………… 139
  5.4.1 本章小结 …………………… 139
  5.4.2 强化练习 …………………… 140

第 6 章 设置课件交互控制 …………… 141
 6.1 用按钮和按键控制交互 …………… 142
  6.1.1 用按钮交互 ………………… 142
  6.1.2 用按键交互 ………………… 152
 6.2 用热对象和文本控制交互 ………… 156
  6.2.1 用热对象交互 ……………… 156
  6.2.2 用文本交互 ………………… 161
 6.3 用条件和时间控制交互 …………… 165
  6.3.1 限定交互条件 ……………… 165
  6.3.2 限定交互时间 ……………… 169
 6.4 小结和习题 ………………………… 173
  6.4.1 本章小结 …………………… 173
  6.4.2 强化练习 …………………… 173

第 7 章 制作常用 Flash 课件 ………… 177
 7.1 制作实验型课件 …………………… 178
  7.1.1 制作演示实验课件 ………… 178
  7.1.2 制作模拟实验课件 ………… 184
 7.2 制作测验型课件 …………………… 189
  7.2.1 制作判断题 ………………… 189
  7.2.2 制作单选题 ………………… 194
  7.2.3 制作多选题 ………………… 203
  7.2.4 制作填空题 ………………… 210
 7.3 制作游戏型课件 …………………… 218
  7.3.1 制作拖曳题 ………………… 218
  7.3.2 制作连线题 ………………… 225
 7.4 小结和习题 ………………………… 229
  7.4.1 本章小结 …………………… 229
  7.4.2 强化练习 …………………… 229

第 8 章 制作 Flash 课件实例 ………… 233
 8.1 制作课件开头 ……………………… 234
  8.1.1 规划分析课件 ……………… 234
  8.1.2 制作课件导航 ……………… 237
 8.2 制作课件主体 ……………………… 241
  8.2.1 制作"演示"模块 ………… 241
  8.2.2 制作"探究"模块 ………… 247
  8.2.3 制作"练习"模块 ………… 251
 8.3 完善、导出和评价课件 …………… 257
  8.3.1 完善课件 …………………… 257
  8.3.2 导出与评价课件 …………… 257
 8.4 小结 ………………………………… 259

第 1 章

Flash 课件制作基础

　　Flash 是由 Adobe 公司开发的集动画创作与应用程序开发于一身的多媒体制作软件。使用 Flash 能够将矢量图、位图、音频、视频等素材进行灵活编排和处理，因此 Flash 被广泛应用于广告制作、动画制作、网页设计、多媒体课件制作等多个领域。初学者需要了解 Flash 软件的基础知识和一些常用的基本操作，包括图层、帧、元件、库和场景的使用，以及发布 Flash 课件的方法，为以后的学习打下基础。

本章内容

- Flash 基础知识
- Flash 基本操作

1.1 Flash 基础知识

Flash 最基本的功能是绘制矢量图和处理动画,不但可以制作出界面美观、动静结合、交互灵活的多媒体 CAI 课件,而且简便、易学、好用,因此 Flash 逐渐成为主要的课件制作工具。本章将介绍 Flash CS6 中文版的相关基础知识,使读者对其有初步的了解,并掌握一些基本概念,为后面的课件制作打下基础。

1.1.1 Flash 操作界面

Flash CS6 操作界面主要由以下几部分组成:菜单栏、主工具栏、工具箱、时间轴、工作区面板、场景和舞台、属性面板、浮动面板等,如图1-1 所示。

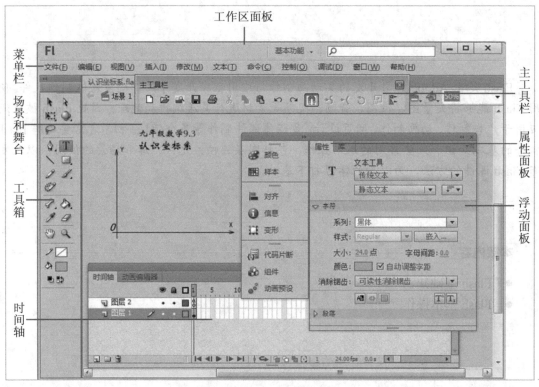

图 1-1　Flash CS6 操作界面

1. 菜单栏

菜单栏是 Flash CS6 的重要组成部分,其绝大部分的功能都可以通过从菜单栏中选择相应命令来实现。常用菜单有"文件""编辑""视图""插入"和"控制"等,通过这些菜单可以运行动画制作过程中的绝大部分命令。Flash CS6 还为一些常用的菜单命令设置了快捷键,熟练使用这些快捷键能大大提高工作效率。常用菜单命令的快捷键如表 1-1 所示。

表1-1 常用菜单命令的快捷键

快 捷 键	功　　能
F4	隐藏/显示全部面板
F5	插入普通帧
F6	插入一个关键帧
F7	插入一个空白关键帧
F9	显示/隐藏"动作"面板
Ctrl+Enter	测试动画,并在文档的保存位置生成一个swf格式的动画文件
Ctrl+拖动	复制正在被拖动的对象
Ctrl+Z	撤销操作
Ctrl+K	显示/隐藏"对齐"面板
Ctrl+L	显示/隐藏"库"面板
Ctrl+D	复制一个副本,相当于对当前对象同时进行复制和粘贴操作
Ctrl+G	把场景中几个选中的对象合并成为一个组
Ctrl+Shift+G	撤销几个对象所合并的组
Ctrl+B	将选中的对象打散
Ctrl+C	把选中的对象复制到剪贴板中
Ctrl+V	粘贴系统剪贴板中的内容
Ctrl+Shift+V	在原处粘贴,即粘贴复制到剪贴板中的内容,并保持位置不变

2. 主工具栏

为了便于操作,Flash CS6将一些常用命令以按钮的形式组织在一起,浮动在操作界面的上方。选择"窗口"→"工具栏"→"主工具栏"命令,打开如图1-2所示的主工具栏,可以根据需要将其拖动到操作界面的任意位置。将鼠标指针停留在按钮上,即可显示该按钮的名称。

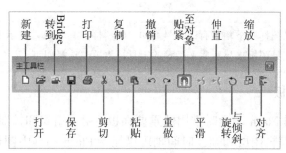

图1-2　Flash CS6主工具栏

3. 工具箱

Flash CS6的"工具箱"提供了图形绘制和编辑的各种常用工具,熟练地使用这些工具,可以简化制作流程,达到事半功倍的效果。选择"窗口"→"工具"命令,可以调出工具箱,根据需要调整其大小和位置。如图1-3所示为工具栏的区域、工具名称和工具的作用。

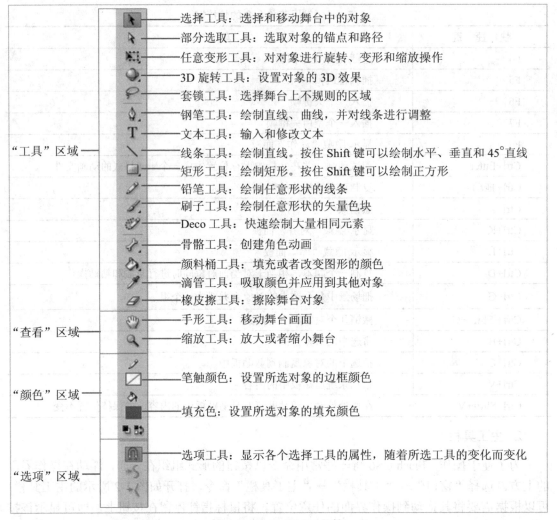

图 1-3　Flash CS6 工具箱

 有的工具图标右下角带有三角号，如"颜料桶工具"，表示还隐藏有其他工具，可以长按该工具图标来显示原本隐藏的工具，再单击选择即可。

4．"时间轴"面板

"时间轴"是制作Flash动画时常用的重要面板，用于组织和控制动画内容在一定时间内播放，使用它可以编辑图层和帧。时间轴可以显示Flash动画中图形和其他元素的时间，因此动画的播放是由时间轴来控制的，如图1-4所示。

5．工作区面板

"工作区"面板位于 Flash 主窗口的右上角，其主要功能是进行工作区的选择、设置与管理，可根据需要切换操作界面中不同的面板组合，也可以自定义工作区，如图1-5所示。

第 1 章　Flash 课件制作基础

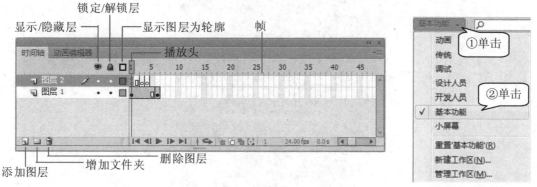

图 1-4 "时间轴"面板　　　　　图 1-5 切换 Flash CS6 工作区

6. 场景和舞台

场景一般是指影视戏剧作品中的各种场面，由角色、背景和剧情构成，通常一部影视剧需要很多场景，并且每个场景中的角色都可能不尽相同。Flash 中课件的场景是指动画角色活动的区域，可以根据需要选择不同的场景及不同的显示比例，通过多个场景可以将多个动画片段像多幕剧一样组织起来，如图 1-6 所示。

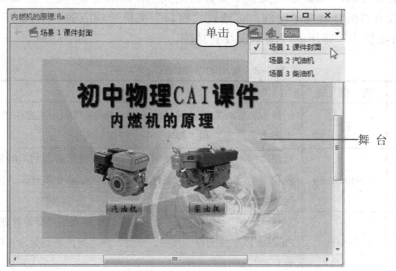

图 1-6　场景和舞台

舞台是动画显示的矩形区域，所有的对象在播放时必须要通过舞台来显示。在设定角色位置时，可以使用"网格"和"标尺"帮助用户精确定位；在"视图"菜单下，可以显示或隐藏网格和标尺。

7. "属性"面板

"属性"面板中显示了文档或当前对象的属性，如图 1-7 所示。文档的属性包括文档名称、舞台尺寸、背景色、帧频、播放器类型和脚本版本等信息。当选定单个对象时，如文本、形状、位图、组、帧等，"属性"面板可以显示其相应的信息和设置。

图 1-7 "属性"面板

8. 浮动面板

面板主要用于帮助用户查看、组织和编辑各类对象，通过面板上的各个选项可设置元件、实例、颜色、类型、帧等对象的属性。但计算机显示器可视面积有限，为使工作区的位置和显示更加灵活，Flash CS6 提供了多种自定义工作区的方式，这些面板被设计为浮动的，用户可以自由组合或拖动它们。可通过"窗口"菜单中相应的命令来打开或关闭所需的面板。表 1-2 列出了常用的浮动面板及其功能。

表 1-2 常用的浮动面板及其功能

面板名称	快捷键	面板功能
动作	F9	创建和编辑对象或关键帧的 ActionScript 代码，主要由"动作工具箱""脚本导航器"和"脚本"3 个窗格组成
颜色	Alt+Shift+F9	常与"样本"面板组合使用，主要用来设置对象的笔触颜色、填充颜色和透明度等，还可以创建和编辑纯色及渐变填充，调配出所需的任何颜色
库	Ctrl+L	常与"属性"面板组合，类似于文档所用素材"资源管理器"的功能，Flash 文档中的元件、按钮、图片、声音等内容均显示在该面板中，方便管理与调用
对齐	Ctrl+K	常与"信息""变形"面板组合，可以设置多个对象的彼此对齐方式，或对象相对于舞台的对齐方式
变形	Ctrl+T	执行舞台上对象的多种变形操作
场景	Shift+F2	编辑场景信息，可以对场景进行增删、排序、重命名等操作
组件	Ctrl+F7	显示软件自带的一些可重复使用的预置组件，特别适合初学者

1.1.2 Flash 文档操作

利用 Flash 制作课件常涉及一些文档操作，包括新建文档、保存文档等。Flash 软件在制作课件的过程中，还需要设置文档属性，如动画的画面大小、背景颜色、播放速度等，并且要将制作好的动画导出为可脱离 Flash 编辑环境而单独播放的动画文件。

1. 新建文档

制作 Flash 课件，首先要新建一个 Flash 文档，然后设置文档的相关属性，包括舞台尺寸和背景颜色等。

- **打开软件**　单击"开始"按钮，选择"所有程序"→Adobe→Adobe Flash Professional CS6 命令，运行 Flash CS6。
- **新建文档**　按图 1-8 所示操作，新建一个 Flash 文档。

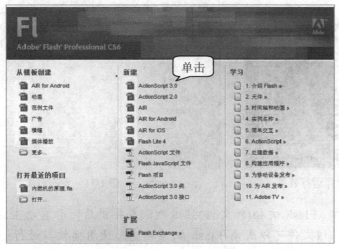

图 1-8　新建 Flash 文档

- **设置属性**　打开"属性"面板，按图 1-9 所示操作，设置动画的画面大小和背景颜色。

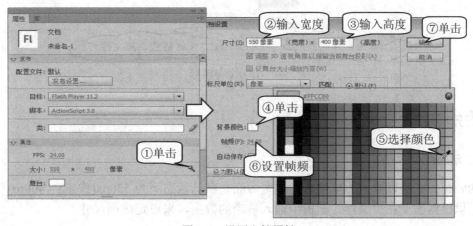

图 1-9　设置文档属性

2. 导出课件

在 Flash 中制作完课件后，只有将其导出为可脱离 Flash 编辑环境而独立播放的文件，才能用于教学。Flash 可将作品导出为多种格式的文件，如 SWF、EXE、MOV、AVI、GIF、JPG 等格式，可以根据需要，选择一种格式来导出作品。

- **测试文件**　选择"控制"→"测试影片"→"在 Flash Professional 中"命令，测试课件，效果如图 1-10 所示。
- **发布动画**　选择"文件"→"发布设置"命令，弹出"发布设置"对话框，按图 1-11 所示操作，设置发布属性并发布成能独立运行的 SWF 格式文件。

图 1-10　课件运行效果

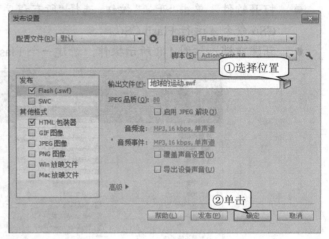

图 1-11　发布设置

- **查看文件**　Flash 文档(源文件)经过测试或导出后，会自动生成 SWF 格式的动画文件，该文件可以脱离 Flash 编辑环境而使用播放器进行播放，文件图标效果如图 1-12 所示。

图 1-12　文件图标

1．动画画面大小

动画画面大小以像素为单位来确定宽与高，默认状态下为 550px(像素)×400px(像素)，用户可以根据需要在"属性"面板中输入适当的数据，来设定画面尺寸。

2．动画画面背景

默认动画画面的背景颜色为白色，用户可根据需要在"属性"面板中设置课件的背景色。

3. 动画播放速度

Flash 动画的播放速度取决于用户设置的帧频，即每秒播放的动画帧数，Flash CS6 中默认帧频为 24 帧/秒，用户可根据需要重新设置。帧频越高，动画的播放效果越好、越流畅，而且在时间相同的情况下，帧频高的动画文件数据量相对更大。

1.2 Flash 基本操作

在使用 Flash 制作课件过程中，需要经常对图层、帧、元件和场景等进行操作，因此掌握这些概念和基本操作方法是制作 Flash 课件的基础。

1.2.1 图层

图层是"时间轴"面板上重要的组成部分，通过图层可以制作结构复杂的课件。在制作过程中，可以根据需要对图层进行新建、重命名、删除、锁定和隐藏等操作。

1. 新建、选中和删除图层

新建一个 Flash 文档时，只有一个图层，但在制作功能强大、内容丰富的课件时，通常需要有多个图层，这就涉及图层的新建、选中和删除操作。

- **添加图层** 启动 Flash 软件，按图 1-13 所示操作，新建一个图层。

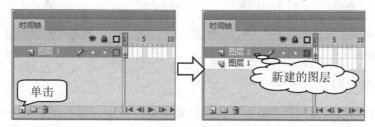

图 1-13　新建图层

- **选中并删除图层** 按图 1-14 所示操作，选中并删除"图层 1"。

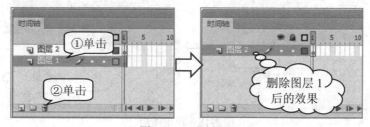

图 1-14　删除图层

删除图层后，该图层所包含的对象也会被一并从舞台中删除，所以删除图层时一定要慎重。

2. 重命名和移动图层

在制作课件时，对图层进行合理命名是非常重要的，这样能方便以后对课件进行修改，也让课件源文件的结构更具可读性。有时为了表现舞台对象的层次关系，还需要适当调整图层的上下次序。

- **重命名图层**　启动 Flash 软件，按图 1-15 所示操作，将"图层 1"重命名为"背景"。

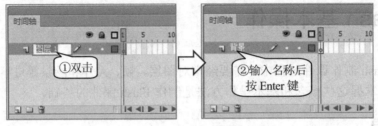

图 1-15　重命名图层

- **新建图层**　在"背景"图层上方再添加 3 个新图层，分别命名为"晶体""说明"和"标题"，效果如图 1-16 所示。
- **移动图层**　按图 1-17 所示操作，将"说明"图层移到"标题"图层的下方。

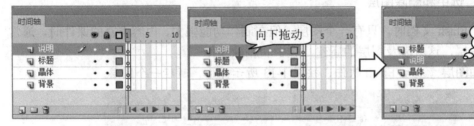

图 1-16　新建图层　　　　　　　　图 1-17　移动图层

3. 锁定和隐藏图层

当课件中的图层较多时，在舞台上选择对象经常会由于误操作而影响其他图层的内容，这时可对某些图层进行锁定或者隐藏。

- **锁定图层**　启动 Flash 软件，按图 1-18 所示操作，锁定"标题"图层。

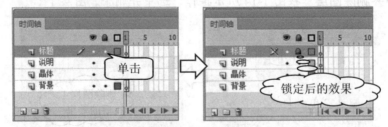

图 1-18　锁定图层

图层被锁定后，舞台上位于该图层中的对象也被锁定，既无法被选中，也无法进行移动和编辑。要解除锁定，单击图层名后的 按钮即可。

● **隐藏图层**　按图 1-19 所示操作，隐藏"标题"图层。

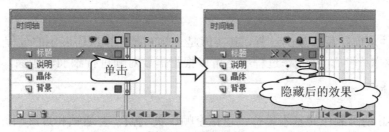

图 1-19　隐藏图层

　图层被隐藏后，舞台上位于该图层中的对象将被隐藏起来，要显示该图层内容，只需要单击此图层的 ✕ 按钮即可。

 知识库

1. 图层的作用

图层用于组织和管理 Flash 课件。在制作课件时，将不同层次的内容叠放在不同图层。图层的名称与内容相对应，这样方便后期编辑和维护。图 1-20 展示了图层与内容之间的关系。

2. 图层与层的关系

舞台上显示内容的前后关系，可以通过图层和层两种方式体现。图 1-21 直观地呈现了图层和层的关系。

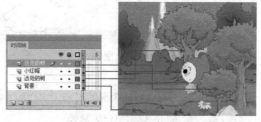

图 1-20　图层的次序关系

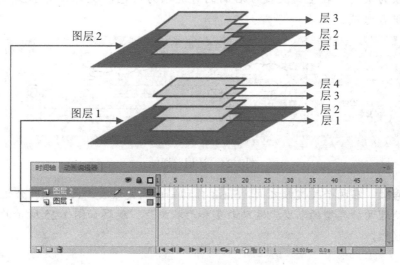

图 1-21　图层与层的关系

1.2.2 帧

Flash 课件从前往后播放的过程,其实就是一幅幅画面按次序展示的过程。这一幅幅单个的画面被称作"帧"。在制作过程中,可以根据需要对帧进行添加、删除、移动等操作。

1. 认识帧

帧是 Flash 动画制作的基本单位,包括空帧、关键帧、普通帧和过渡帧。

- **空帧** 空帧在时间轴上就是一个个方格,表示该图层内容的结束,该图层的舞台上也没有内容,观察如图 1-22 所示的界面,认识空帧。
- **关键帧** 关键帧是制作课件时非常重要的帧,是用来定义动画变化、状态更改的帧。Flash 会根据用户正确定义的关键帧,自动完成两个关键帧之间的一些指定的过渡效果。观察如图 1-23 所示的界面,认识关键帧和空白关键帧。

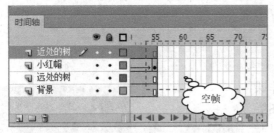

图 1-22 认识空帧

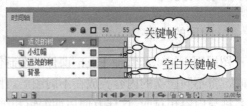

图 1-23 认识关键帧和空白关键帧

 有内容的关键帧显示为实心圆点●,一般直接称为关键帧;没有内容的关键帧显示为圆圈○,称为空白关键帧。

- **普通帧** 普通帧也称为静态帧,用于延长前面一帧的状态。在关键帧后面的普通帧为灰色,在空白关键帧后面的普通帧为白色,观察如图 1-24 所示的界面,认识普通帧。

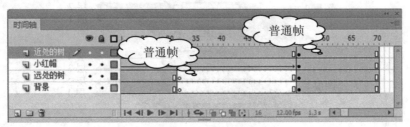

图 1-24 认识普通帧

- **过渡帧** 在两个关键帧之间,Flash 自动完成渐变过渡画面的帧叫作过渡帧。Flash 可处理两种类型的渐变:运动渐变和形状渐变。观察如图 1-25 所示的界面,认识过渡帧。

第 1 章　Flash 课件制作基础

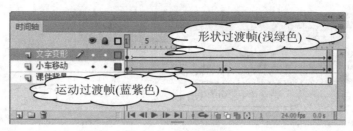

图 1-25　认识过渡帧

2. 操作帧

在新建的 Flash 文档中，只有一个图层，这个图层中只有一个空白关键帧。在制作课件过程中，可以根据需要插入普通帧和关键帧。

- **插入帧**　按图 1-26 所示操作，分别插入关键帧和普通帧。

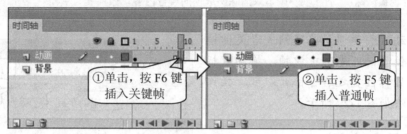

图 1-26　插入帧

 插入普通帧、关键帧和空白关键帧的操作也可通过右键快捷菜单来完成，右击需要插入的空帧，从菜单中单击选择需要的帧类型即可。

- **选择帧**　在对帧的操作过程中，经常需要选择一个或多个帧，进一步完成对帧的删除、复制和移动等操作。按图 1-27 所示操作，可以选择时间轴上的一个帧和多个帧。

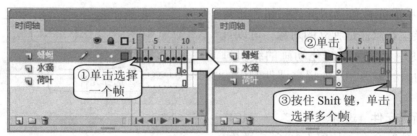

图 1-27　选择帧

- **删除帧**　对于不需要的帧，应当选择并删除该帧。如果删除的是普通帧，相应图层在时间轴上的显示时间将被截短。如果删除的是关键帧，则关键帧在舞台上的对象也一并被删除，操作方法如图 1-28 所示。

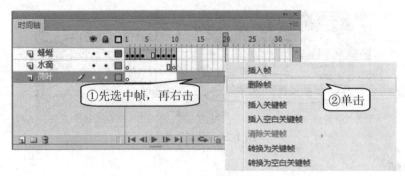

图 1-28　删除帧

"删除帧"是将时间轴上某些帧删除，在删除帧的同时，与该帧对应的舞台上的内容也被清除；"清除帧"则是只清除所选帧的舞台内容，原帧变为空帧。

- **移动帧**　要移动普通帧或者关键帧的位置，可先选中该帧，拖动鼠标到目标位置之后再松开即可，操作方法如图 1-29 所示。

1.2.3　元件和实例

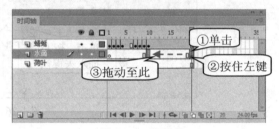

图 1-29　移动帧

制作 Flash 课件常要用到的图像、按钮、声音和视频等素材，大多是以"元件"形式存储在文档中的，Flash 的"库"是专门管理这些素材的工具，"库"面板中显示了文档中的各种元件。可以在"库"面板中对这些素材进行增删、分类和命名等操作。将这些元件拖到舞台上后就称之为"实例"。

1. 元件

Flash 中的元件包括图形、按钮和影片剪辑 3 种类型。元件是独立的对象，可以重复使用。使用元件可以简化动画的编辑过程，方便动画的修改，从而提高课件制作的效率。

- **新建元件**　选择"插入"→"新建元件"命令，按图 1-30 所示操作，新建一个图形元件。
- **转换元件**　在场景的舞台中绘制一个"球体"，按图 1-31 所示操作，将其转换为元件。
- **编辑元件**　按图 1-32 所示操作，编辑"库"面板中已经制作好的元件。

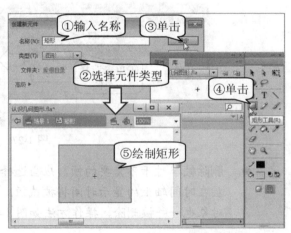

图 1-30　新建元件

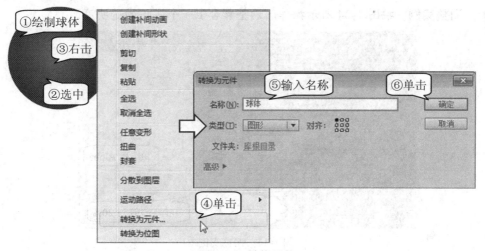

图 1-31　转换元件

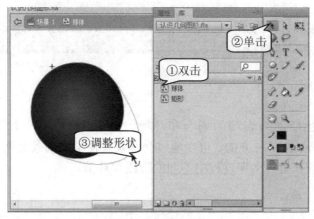

图 1-32　编辑元件

2. 实例

创建好的元件可以从"库"面板中看到，使用时可打开"库"面板，再将其拖入场景，拖入场景中的元件对象称为实例。

- **创建实例**　打开"库"面板，按图 1-33 所示操作，在舞台上创建一个实例。

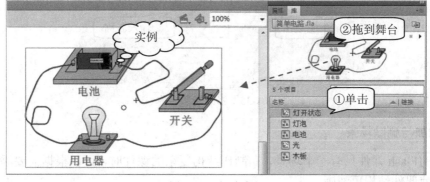

图 1-33　创建实例

- **调整实例**　按图1-34所示操作，调整舞台上一个实例的透明度。

图1-34　调整实例

修改某元件的属性后，场景中所有与该元件相关的实例会随之修改。

1.2.4　场景

场景是动画角色活动与表演的场合和环境，一个课件可由一个场景组成，也可由多个场景组成；每个场景都是独立的，可以通过交互设置在不同场景之间实现跳转。在Flash课件中可以用多场景来呈现上课过程中不同的阶段和环节。

1. 重命名场景

场景的默认名称为"场景1"，每增加一个场景，新增场景将被自动命名为"场景2""场景3"……，这种默认的场景命名方式很难有效地反映场景的内容，所以，必要时要对场景进行重命名。

- **打开面板**　选择"窗口"→"其他面板"→"场景"命令，打开"场景"面板。
- **修改名称**　按图1-35所示操作，将场景改名为"封面"。

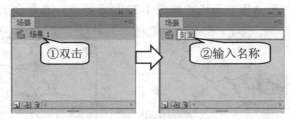

图1-35　修改场景名称

2. 增加与删除场景

新建的Flash课件只有一个场景，在制作结构复杂的课件时，可以根据需要添加或删除场景，以使课件结构更清晰。

- **添加场景** 按图 1-36 所示操作，添加一个新场景并重命名为"内容"。

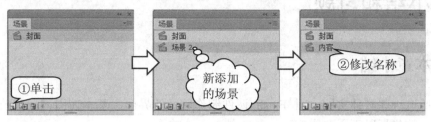

图 1-36 添加场景

- **删除场景** 按图 1-37 所示操作，删除一个多余的场景。

图 1-37 删除场景

3. 复制与移动场景

有时两个场景的内容非常类似，可以利用复制场景的方法新建一个内容相近的场景。而场景的顺序决定了 Flash 动画的播放顺序，如果要调整动画中场景的播放顺序，就必须调整"场景"面板中各场景的上下顺序。

- **复制场景** 按图 1-38 所示操作，复制一个新场景并重新命名为"导入"。

图 1-38 复制场景

 如果要制作的两个场景内容非常类似，可以采用复制场景的方式制作，因为在复制场景时，场景中的内容也会一起被复制。

- **移动场景** 按图 1-39 所示操作，移动场景位置。

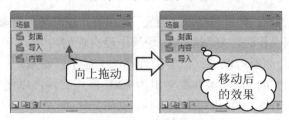

图 1-39 移动场景

1.3 小结和习题

1.3.1 本章小结

本章通过一些具体实例，对 Flash 课件制作软件的界面、基本使用方法和技巧做了简要介绍，具体包括以下主要内容。
- Flash 基础知识：介绍了 Flash 使用界面的具体组成，包括菜单栏、主工具栏、工具箱、时间轴、工作区面板、场景和舞台、属性面板、浮动面板等。在认识界面的基础上进一步学会文件操作，包括文档的保存与课件的发布等。
- Flash 基本操作：介绍了 Flash 一些基本操作，包括对图层、帧、场景、元件等对象的基本操作方法。

1.3.2 强化练习

1. 选择题

(1) 下列不属于 Flash 使用界面的组成部分的是(　　)。
　　A. 工具箱　　　　　B. 面板　　　　　C. 场景　　　　　D. 对话框
(2) 要选择时间轴上若干个连续的帧，要按住的快捷键是(　　)。
　　A. Ctrl　　　　　　B. Shift　　　　　C. Alt　　　　　　D. Enter
(3) 在时间轴上插入关键帧，下列操作错误的是(　　)。
　　A. 选择某帧，按 F6 键
　　B. 在某帧中右击，选择"插入关键帧"命令
　　C. 选择某帧，再选择"插入"→"时间轴"→"关键帧"命令
　　D. 选择某帧，按 F7 键
(4) Flash 图层被锁定后，操作中出现的现象是(　　)。
　　A. 图层中的内容被隐藏　　　　　　B. 图层中的内容没有隐藏，但不能修改
　　C. 图层中的内容可以修改　　　　　D. 图层时间轴上不能添加关键帧
(5) 打开"场景"面板，单击 按钮，所完成的操作是(　　)。
　　A. 复制场景　　　　B. 粘贴场景　　　　C. 添加场景　　　　D. 删除场景

2. 判断题

(1) 在设置课件属性时，帧频越高，其播放效果越好、越流畅，但课件文件越大。(　　)
(2) 进行场景复制操作时，复制得到的场景中没有任何内容。(　　)
(3) Flash 中的浮动面板可以根据需要进行移动、显示或隐藏。(　　)
(4) 一般来说，制作的 Flash 课件要输出为 EXE 格式文件，以便交流。(　　)
(5) 修改元件后，与该元件相关的实例不会发生变化。(　　)

第 2 章

添加课件内部素材

制作多媒体课件,需要将各种素材添加到课件中。在 Flash CS6 中,可以使用工具箱中的工具创建各类图形对象,这类对象可以称为 Flash 的内部素材。Flash 中添加内部素材的方法有两种:一是可以创建各种矢量图形;二是可以通过文字工具创建不同风格的文本对象。掌握 Flash 中绘图工具的使用方法和创建图形对象的操作技巧,可以创建出更加生动形象、更具活力和个性的多媒体课件。

本章内容

- 添加文字
- 添加图形

2.1 添加文字

文本是用文字工具直接创建出来的对象，具有图像和实例的某些属性，但又有其独特性。利用 Flash 软件制作课件时，概念的表述、图片的说明等都要用到文字。通过对文字的使用，可以有效地表达教学思想，展示教学过程。

2.1.1 添加静态文字

在 Flash 中，利用文字工具，可以很方便地添加文字，添加文字时既可以采用键盘输入的方式，也可以通过复制粘贴的方式，然后利用"属性"面板设置文本类型与字体、大小、文本填充颜色等相关属性，还可以使用文字滤镜，进一步对文字效果进行美化。

实例 1　群英会蒋干中计

课件"群英会蒋干中计"是人教版高中《语文》必修 1 的内容，本实例主要制作语文课件封面的文字，从而了解在 Flash 中添加与美化文字的方法，效果如图 2-1 所示。

制作此类课件，可以选择文本工具，然后选择适当的位置输入文字，最后再选中需要修饰的文字进行美化设置。

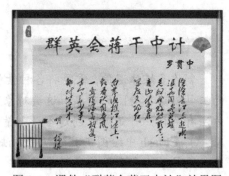

图 2-1　课件"群英会蒋干中计"效果图

 跟我学

添加修饰文字

通过文字工具，添加所需要的文字。根据需求，合理设置文字格式和段落格式，可以进一步美化课件。

1. **打开文件**　运行 Flash 软件，打开"群英会蒋干中计(初).fla"文件，效果如图 2-2 所示。

图 2-2　打开文件

2. **输入标题** 按图 2-3 所示操作，输入标题文字。

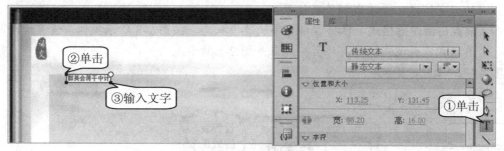

图 2-3 输入标题文字

3. **设置大小** 按图 2-4 所示操作，设置标题文字大小为 80 点，字体为"华文新魏"。

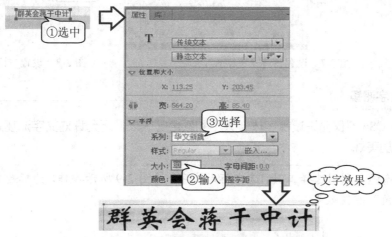

图 2-4 设置标题文字大小与字体

如果在输入文字之前选择了输入范围，则当文字超过范围时会自动换行。

4. **添加作者** 参照课件效果，选择"文本"工具，在标题下方输入作者"罗贯中"，效果如图 2-5 所示。

5. **添加古诗** 选择"文本"工具，在标题下方输入《临江仙·滚滚长江东逝水》古诗文字，效果如图 2-6 所示。

图 2-5 作者文字效果

图 2-6 添加古诗

6. **设置古诗文字格式** 利用选择工具,选中古诗文字,按图 2-7 所示操作,设置古诗的文字格式,并适当调整其位置。

7. **设置古诗段落格式** 保持古诗文字的选中状态,按图 2-8 所示操作,设置古诗的段落格式,并适当调整其位置,效果如图 2-1 所示。

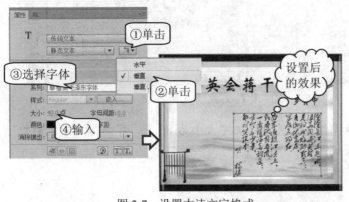

图 2-7 设置古诗文字格式　　　　　　图 2-8 设置古诗段落格式

设置文字滤镜

Flash CS6 不仅允许设置字体、大小和颜色等效果,还允许对文字添加滤镜效果,使课件更加美观。

1. **添加滤镜** 利用选择工具,选中标题文字,按图 2-9 所示操作,为标题文字添加"渐变斜角"滤镜效果。

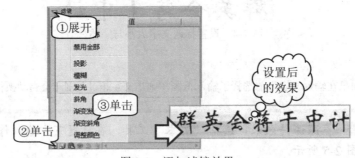

图 2-9 添加滤镜效果

2. **设置滤镜颜色** 按图 2-10 所示操作,设置滤镜的过渡颜色。

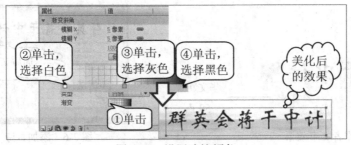

图 2-10 设置滤镜颜色

同一文字可以设置多个滤镜效果。如果对设置好的效果不满意,也可以直接删除文字滤镜。

3. 保存并测试课件　测试课件,将文件以"群英会蒋干中计(终).fla"为名保存。

知识库

1. 传统文本的3种类型

通常一个 Flash 中会包含几种不同的文本类型,每种类型都有不同的用途。Flash 中使用的3种主要的文本区域类型如下。

- 静态文本:用于显示课件中内容不变的文字,通常用来做标签说明之类,文本内容在运行时不会发生改变。
- 动态文本:是一种交互式文本对象,文本内容可根据需求不断更新。
- 输入文本:用于在运行时由用户输入文本,它可用于任何需要用户输入的情形,如输入密码或回答问题等。

2. 单行静态文本框

单行文本框的宽(或高)度不固定,该文本框的右上方是一个圆形控制柄,可以控制文本框的大小,效果如图 2-11 所示,其宽(或高)度根据输入文字的多少自动调整。

3. 多行静态文本框

多行静态文本框是宽(或高)度固定的文本框,该文本框的右上方是一个方形控制柄,其宽(或高)度固定,效果如图 2-12 左图所示。当输入的文字超过限定宽(或高)度时,将自动换行,效果如图 2-12 右图所示。

图 2-11　单行文本框 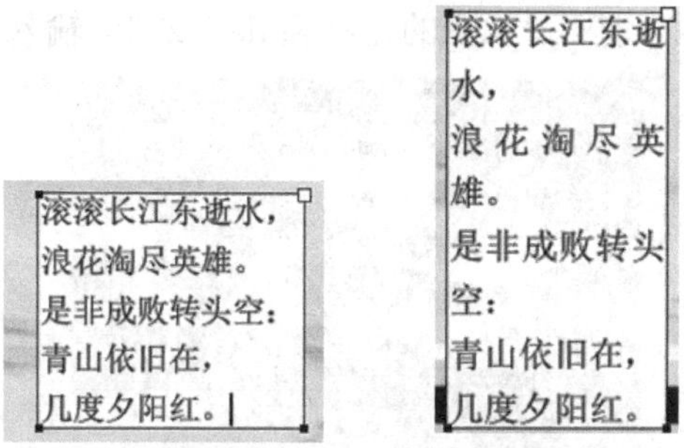　　　　　图 2-12　多行文本框

4. 文本框"位置和大小"属性

选中文字之后,再展开"属性"面板,会出现文本框的相关属性,在图 2-13 所示的"位置和大小"面板中,可调整文本框在舞台上的相对位置,以及文本框的高度和宽度。如果文字数量固定不变,当调整高度值时,宽度会随着高度的变化而变化。

图 2-13 "位置和大小"面板

5. 文本框"字符"属性

通过文本框的"字符"面板，可设置文字格式，包括字体、颜色和大小等属性，如图 2-14 所示。

6. 清除滤镜效果

如果觉得设置的滤镜不美观，可按图 2-15 所示操作将其删除，然后设置其他滤镜效果。

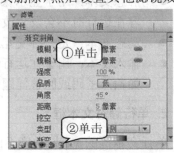

图 2-14 "字符"面板　　　　图 2-15 清除滤镜效果

(1) 新建一个 Flash 文档，添加文字并设置课件文字格式，如图 2-16 所示，并以"回乡偶书.fla"文件命名保存。

(2) 打开"瓢虫的花衣裳.fla"文件，输入并设置课件中的文字格式，效果如图 2-17 所示。

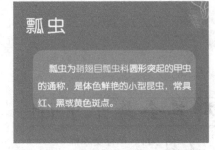

图 2-16 "回乡偶书"课件效果　　　　图 2-17 "瓢虫的花衣裳"课件效果

2.1.2 添加框架文本

在课件中，当需要显示的文本内容较多时，可以使用文字布局框架(TLF)向课件中添加文本，从而限定文本的显示区域，更可以通过滚动条等组件,进一步加强对文本的控制。TLF 不仅能够进行多种形式的文本布局,还能对文本属性进行精细控制。

实例2 静夜思

课件"静夜思"是小学一年级《语文》上册的教学内容。本实例主要制作语文课件中的 TLF 框架文本效果。通过 TLF 文本规划版面布局,并给古诗赏析设置文本滚动条,通过拖动滚动条来整体浏览文本,可以进一步增强课件的实用性,效果如图 2-18 所示。

制作此课件,先将课件背景图片导入"库"面板,用于设置课件背景;然后插入 TLF 文本容器,让"古诗"和"注释"两个文本容器之间建立链接,文字可

图 2-18 课件"静夜思"效果图

以任意"流动",实现自由控制;最后将"滚动条"组件添加到"赏析"文本容器中,实现拖动显示。

 跟我学

添加和修饰文字

通过复制粘贴的方式可以快速添加 TLF 文本,并通过 TLF 文本属性工具栏进行修饰和美化。

1. **选择 TLF 文本** 打开半成品文件"静夜思(初).fla",按图 2-19 所示操作,绘制 TLF 文本框。
2. **输入内容** 打开"《静夜思》诗文赏析.txt"文件,复制文字内容,粘贴到绘制的 TLF 文本框中。
3. **设置格式** 选定输入的内容,设置文字格式,如图 2-20 所示。

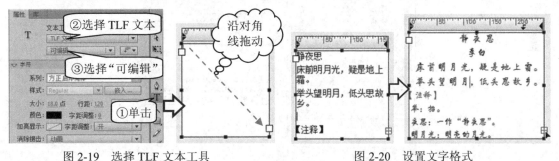

图 2-19 选择 TLF 文本工具　　　　图 2-20 设置文字格式

串接 TLF 文本框

用 TLF 文本属性,串接多个文本框,使文字可在多个文本框之间"流动",方便课件排版布局。

1. **分离文本框** 单击文本容器右下角的"田"字形"出端口",按图 2-21 所示操作分离文本框。

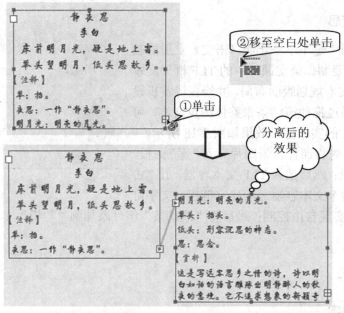

图 2-21 分离文本框

 除了单击文本容器"田"字形"出端口"增加容器外,也可以先创建多个 TLF 文本,再建立它们之间的链接。

2. **调整容器大小** 分离出两个容器后,再根据内容调整容器大小显示部分文本,效果如图 2-22 所示。

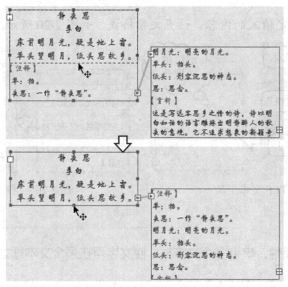

图 2-22 调整容器大小

用 TLF 文本关联多个文本容器，可使上个容器中没有显示完的文本显示在当前容器中，并且随着文本容器大小的调整，文本会自动流动。

3. 规划文本布局　参照上述操作步骤，再将"赏析"文字内容分离到第 3 个容器中，调整大小和位置，使文字布局更合理，效果如图 2-23 所示。

添加滚动条

第 3 个文本容器中文字较多，无法完全显示，可选择"滚动条"组件与文本容器绑定在一起，实现拖动滚动条浏览。

1. 选择滚动条组件　选择"窗口"→"组件"命令(或按 Ctrl+F7 键)，打开"组件"面板，按图 2-24 所示操作，选择滚动条组件。

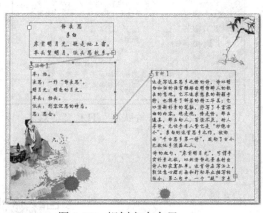

图 2-23　规划文本布局

图 2-24　选择滚动条组件

2. 调整滚动条大小　选定舞台中的滚动条元件，在工具箱中选择"任意变形"工具 ，拖动尺寸控制点调整滚动条大小。

3. 绑定滚动条　拖动调整好的滚动条至文本容器右边缘，使其吸附到合适位置后松开鼠标左键。

4. 保存并测试课件　按 Ctrl+Enter 键，测试课件，将文件以"静夜思(终).fla"命名保存。

知识库

1. TLF 文本"属性"面板

在使用 TLF 文本时，其"属性"面板会呈现 3 种模式：当选中工具箱中的工具时是一种模式，当文本处于输入状态时是一种模式，当整个文本处于选中状态时又是一种模式。

2. TLF 文本类型

TLF 文本不同于传统文本，使用 TLF 文本可以设置课件运行时文字的读写性，有"只读""可选""可编辑"3 种类型。当选择"只读"方式，作为 SWF 文件发布时，其中的文本内容无法选中或编辑；当选择"可选"方式，可以选中，也可以粘贴到剪贴板中，但不可以编辑，默认情况下，TLF 文本都选择该表现方式；当选择"可编辑"方式，作为 SWF 文件发布时，其中的文本内容可以选中和编辑。

(1) 打开"红楼简介.fla"文件，插入 TLF 文本容器，复制素材文件夹中的"红楼简介.txt"中的文字内容，制作出如图 2-25 所示的课件效果。

(2) 打开"古诗欣赏.fla"文件，插入 TLF 文本容器，复制素材文件夹中的"古诗.txt"文字内容，串接 3 个文本框，制作如图 2-26 所示的课件效果。

图 2-25　"红楼简介"TLF 文本效果

图 2-26　"古诗欣赏"TLF 文本效果

2.2　添加图形

用 Flash 制作课件时，可以利用工具箱绘制出各种不同类型的矢量图形。绘制图形时，灵活地利用好图层，不仅能很好地组织和管理图形，而且可以方便后期的修改和编辑，更有助于制作出动感丰富的动画效果。

2.2.1　绘制图形

在 Flash 的"绘图"工具栏中，提供了大量的绘图工具，如"线条"工具、"钢笔"工具、"铅笔"工具、"椭圆"工具、"矩形"工具等，利用这些工具可以非常方便地绘制所需的各种图形。

实例 3　单分子油膜法测分子直径

课件"单分子油膜法测分子直径"是高中《物理》(选修 3-3)教材中的教学内容。本实例主要制作容器及油膜滴落的效果，从而掌握在课件中绘制简单图形的方法，效果如图 2-27 所示。

制作此课件，先利用文字工具添加标题及内容文字，然后利用绘图工具绘制课件所要用到的实验器材，以及测量膜面积所要用到的图形。

跟我学

制作背景图层

利用时间轴面板，修改图层名称；利用文字工具添加文字，完成背景层的制作。

1. **更改图层名称**　打开半成品文件"单分子油膜法测分子直径(初).fla"，按图 2-28 所示操作，更改"图层 1"的名称为"背景"图层。

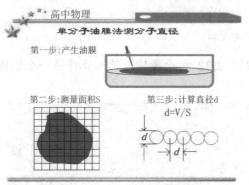

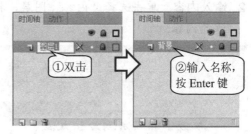

图 2-27　课件"单分子油膜法测分子直径"效果图　　　图 2-28　更改图层名称

2. **输入课程标题**　按图 2-29 所示操作，输入课程标题并设置标题属性。

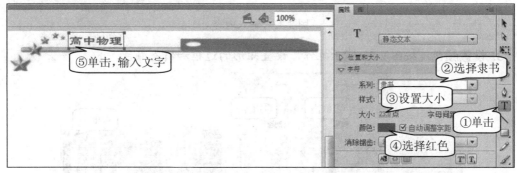

图 2-29　设置课程标题

3. **输入课件标题**　按图 2-30 所示操作，输入课件标题并设置标题属性，效果如图 2-27 所示。

图 2-30　设置课件标题

制作课件第一步

制作课件第一步的内容包括内容描述和课件图片，该图片需要利用绘图工具绘制，并做适当调整。

1. 添加图层　按图 2-31 所示操作，添加一个新图层，并命名为"内容"。

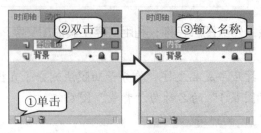

图 2-31　添加图层

2. 输入内容　单击选择"内容"图层，按图 2-32 所示操作，输入课件第一个操作步骤的内容。

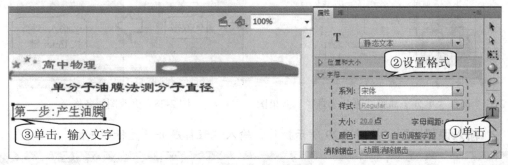

图 2-32　输入内容

3. 设置颜色　按图 2-33 所示操作，设置矩形的边框和填充颜色。

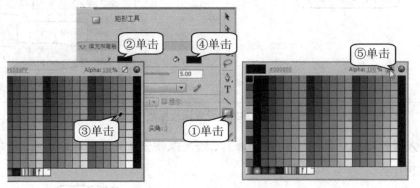

图 2-33　设置颜色

4. 绘制容器　按图 2-34 所示操作，设置矩形属性并在舞台上绘制一个容器。

第 2 章 添加课件内部素材

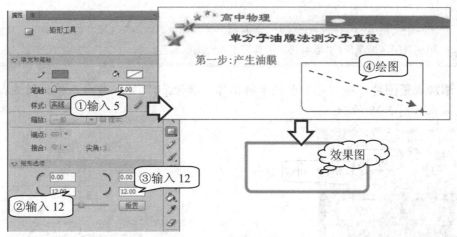

图 2-34 绘制容器

 和 是边角半径锁定按钮,若当前状态为锁定状态 ,则调整一个边角半径时,其他角的半径也会随之变化。

5. 绘制水面 按图 2-35 所示操作,在容器内绘制一个椭圆作为水面。

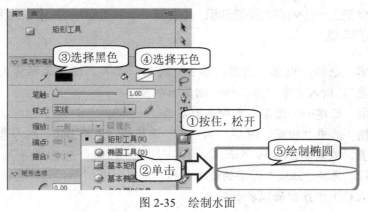

图 2-35 绘制水面

6. 绘制油膜 按图 2-36 所示操作,在容器内的水面上绘制一个红色椭圆作为油膜。

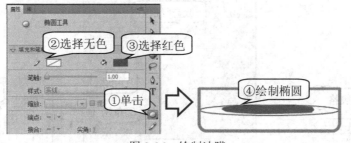

图 2-36 绘制油膜

7. 填充颜色 单击工具箱中的"颜料桶"工具 ,按图 2-37 所示操作,为容器中有水的区域填充颜色。

工具箱中的 和 分别为"颜料桶"工具和"墨水瓶"工具,"颜料桶"工具用于填充封闭区域颜色,"墨水瓶"工具用于填充边框颜色。

8. **添加滴管图片** 从"库"面板中将图像"滴管.gif"拖入舞台,并放到适当位置,效果如图2-38所示。

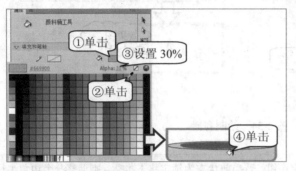

图2-37 填充颜色　　　　　　　　　图2-38 添加滴管图片

制作课件第二步

制作课件第二步的内容为测量面积,先绘制一个具有网格的矩形,然后在网格中绘制油膜扩展的范围。

1. **输入内容** 选择"内容"图层,单击"文本"工具,设置文字格式为"宋体、20点、蓝色",输入文字"第二步:测量面积S"。
2. **新建图层** 新建一个图层,重命名图层为"油膜"。
3. **添加表格** 选中"油膜"图层,从"库"面板将"表格.png"拖入舞台,并适当调整其位置,效果如图2-39所示。
4. **绘制图形** 保持"油膜"图层的选中状态,按图2-40所示操作,选择"铅笔"工具,然后在表格上方绘制油膜扩散区域。

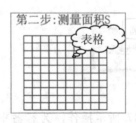
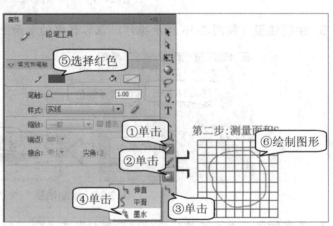

图2-39 添加表格　　　　　　　图2-40 绘制油膜扩散区域

5. **图形涂色**   按图 2-41 所示操作,给刚绘制的油膜涂上颜色。
6. **排列次序**   单击选中刚绘制的油膜图形,选择"修改"→"排列"→"移至底层"命令,将油膜图形排列到表格的下方,效果如图 2-42 所示。

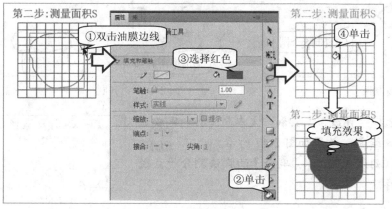

图 2-41 油膜涂色   图 2-42 排列次序

制作课件第三步

制作课件第三步的内容为计算油膜分子的直径,利用一个示意图,结合计算公式,计算出油膜的直径。

1. **输入内容**   选择"内容"图层,单击"文本"工具,设置文字格式为"宋体、20点、蓝色",输入如图 2-43 所示的文字和公式。
2. **绘制圆**   新建图层,重命名为"圆",保持"圆"图层的选中状态,按图 2-44 所示操作,选择"椭圆"工具,在舞台上绘制一个圆。

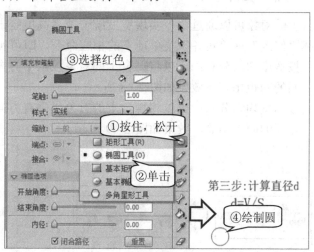

图 2-43 输入文字和公式   图 2-44 绘制圆

3. **复制圆**   按图 2-45 所示操作,复制 5 个同样的圆。
4. **对齐圆**   按图 2-46 所示操作,先选中所有圆,再选择"修改"→"对齐"→"顶对齐"命令,将所有圆都水平对齐。

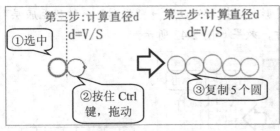

图 2-45 复制圆

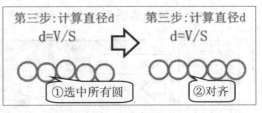

图 2-46 对齐圆

5. **完成图形绘制** 选择"直线"工具和"文本"工具,完成课件第三步中图形的绘制,效果如图 2-47 所示。
6. **保存并测试课件** 测试课件,以"单分子油膜法测分子直径(终).fla"为名保存。

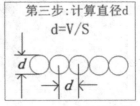

图 2-47 完成图形绘制

 知识库

1. "对齐"舞台对象

舞台上的对象如果比较多,又需要水平或者垂直对齐等,可使用菜单项中的各种对齐方式,这样能够方便操作,并且满足我们的需求。选择"修改"→"对齐"菜单项下的相应命令,即可选择对应的对齐方式。

- 水平对齐:水平对齐方式分为"左对齐""水平居中"和"右对齐"。
- 垂直对齐:垂直对齐方式分为"顶对齐""垂直居中"和"底对齐"。

2. "分布"舞台对象

舞台上的对象可以通过命令实现宽度统一或者高度统一,也可以通过菜单实现大小统一。选择"修改"→"对齐"菜单项下的相应命令,即可实现相应功能。

- 按宽度均匀分布:可以将舞台上的对象以水平方向均匀分布,各个对象水平方向间的间距相等,效果如图 2-48 所示。
- 按高度均匀分布:可以将舞台上的对象以垂直方向均匀分布,各个对象垂直方向之间的间距相等,效果如图 2-49 所示。

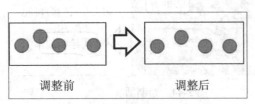

图 2-48 按宽度均匀分布对象

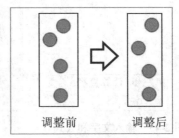

图 2-49 按高度均匀分布对象

- 设为相同宽度:可将选中的对象设置为相同的宽度,效果如图 2-50 所示。

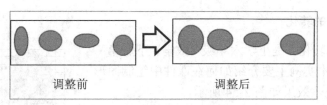

图 2-50 设为相同宽度

- 设为相同高度:可以将选中的对象设置为相同的高度,效果如图 2-51 所示。

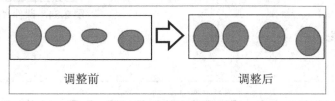

图 2-51 设为相同高度

(1) 打开"验电器.fla"文件,绘制验电器图形,并放置到舞台中心处,效果如图 2-52 所示。

(2) 打开"相对运动.fla"文件,先分别新建小车、桌子、球 3 个图层,在 3 个图层中,绘画出不同的图形,效果如图 2-53 左图所示,然后利用库中的素材,制作出如图 2-53 右图所示的课件效果。

图 2-52 "验电器"课件效果

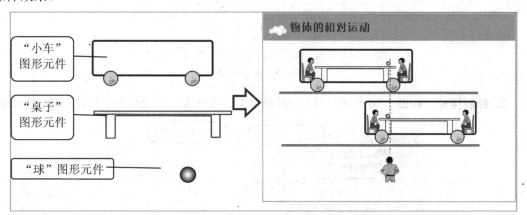

图 2-53 "相对运动"课件效果

2.2.2 编辑美化图形

在 Flash 中,可利用工具箱中的工具对绘制好的图形进行各种编辑,如"选择"工具可选择图形和改变对象的形状,还可以巧妙利用"墨水瓶"工具、"颜料桶"工具、"滴管"工具等改变图形的颜色,从而进一步美化图形。

实例4　图形的转化

课件"图形的转化"是小学六年级《数学》下册第三单元的教学内容。本实例主要介绍如何在课件中绘制图形并对图形进行填色，效果如图2-54所示。

制作此课件，先添加一些图形元件，然后在图形元件中利用矩形工具绘制矩形，进行变形后重新填色，达到预期的课件效果。

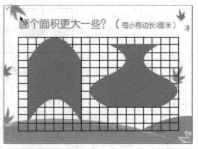

图2-54　课件"图形的转化"效果图

跟我学

绘制坐标

利用"显示网格"命令，帮助精确定位对象位置；利用"矩形"工具绘制多个矩形叠加，可以制作出等高等宽的表格效果。

1. **插入元件**　打开半成品课件"图形的转化(初).fla"文件，选择"插入"→"新建元件"命令，新建一个图形元件，名称为"坐标"。

2. **显示网格**　选择"视图"→"网格"→"显示网格"命令，并将显示比例调整为200%，效果如图2-55所示。

图2-55　显示网格

3. **绘制坐标**　按图2-56所示操作，利用矩形工具在舞台上依次绘制矩形，呈现表格效果。

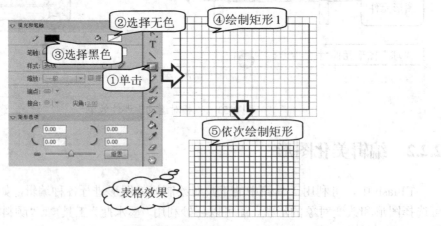

图2-56　绘制矩形

4. **取消网格显示** 再次选择"视图"→"网格"→"显示网格"命令,取消网格显示,返回场景1。

> **绘制左图**
> 坐标元件制作完成后,返回到主舞台,将制作好的"坐标"元件拖到舞台中,然后完成左边图形的绘制。

1. **完善背景** 按图 2-57 所示操作,从"库"面板中将元件拖到舞台中,并将"坐标"元件缩放到合适大小。

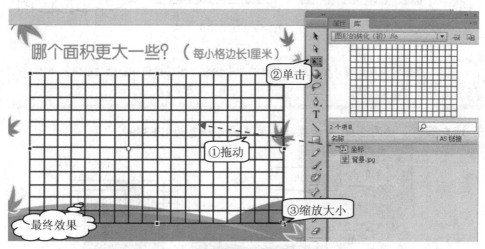

图 2-57 完善背景

2. **添加图层** 在"背景"图层上方添加一个新图层,命名为"内容"。
3. **添加矩形** 选中"内容"层的第 1 帧,按图 2-58 所示操作,绘制左图。

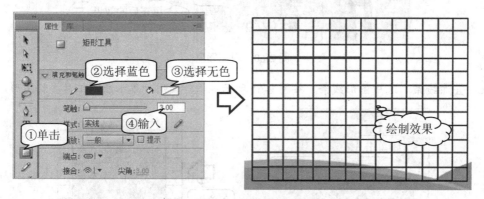

图 2-58 绘制矩形

4. **变形矩形** 按图 2-59 所示操作,修改矩形形状。

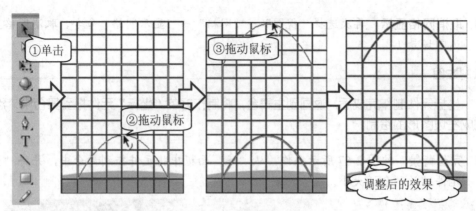

图 2-59　变形矩形

调整对象形状时，要先取消对象的选中状态，然后将光标靠近边框线，单击并拖动鼠标即可调整形状。

5. 填充颜色　按图 2-60 所示操作，填充图形颜色为#FF3399。

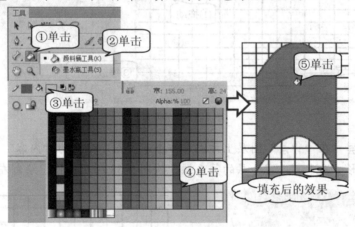

图 2-60　填充颜色

6. 去除线条　选中图形线条，按图 2-61 所示操作，使用"墨水瓶"工具去除图形边框。

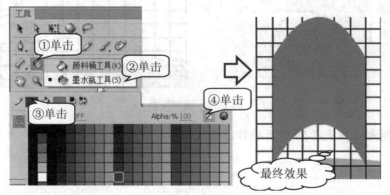

图 2-61　去除线条

绘制右图

先绘制两个矩形,然后将矩形变形为花瓶形状,最后利用滴管工具,将右图填充为与左图相同的颜色。

1. **绘制花瓶形状** 选中矩形工具,绘制如图 2-62 左图所示的两个蓝色线条矩形,并利用选择工具依次对 4 条边进行变形,变形后的效果如右图所示。

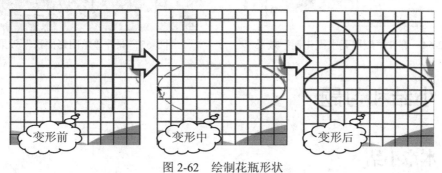

图 2-62 绘制花瓶形状

2. **删除多余线条** 利用选择工具,选中图形中间的多余线条,按 Delete 键删除。
3. **填充颜色** 按图 2-63 所示操作,将右图填充为与左图相同的颜色。

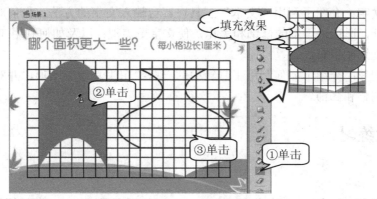

图 2-63 填充右图

4. **去除线条** 利用"墨水瓶"工具,去除图形边框,最终效果如图 2-54 所示。
5. **保存并测试课件** 测试课件,以"图形的转化(终).fla"为名保存。

创新园

(1) 打开"制取无水氯化铜.fla"文件,分别绘制铁架台、烧瓶、滴管、导管、酒精灯火焰等图形元件,制作无水氯化铜的化学实验装置,效果如图 2-64 所示。

(2) 打开"求阴影面积.fla"文件,绘制如图 2-65 所示的求阴影面积的图形。

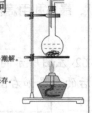
图 2-64 课件"制取无水氯化铜"效果

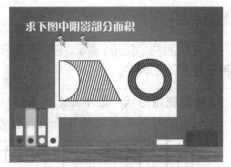
图 2-65 课件"求阴影面积"效果

2.3 小结和习题

2.3.1 本章小结

本章通过一些具体实例，介绍了向 Flash 中添加文字、图像、图形等方法，并且进一步学习如何对这些素材进行简单的加工和处理，具体包括以下主要内容。
- **添加文字**：介绍了利用"文本"工具在舞台输入文字的方法；如何对文字格式进行设计，通过进一步的修饰和美化，使文字更美观；以及如何利用 TLF 文本更精准地规划文字布局。
- **添加图形**：介绍了如何利用工具箱中的一些绘图工具绘制图形，并对图形进行适当的调整和修饰。

2.3.2 强化练习

1. 选择题

(1) 在"图层"面板中，按钮用于( )；按钮用于( )；按钮用于( )。
　　A. 删除选中的图层　　　　　　　　B. 新建图层文件夹
　　C. 新建引导层　　　　　　　　　　D. 新建普通层

(2) 选择( )菜单中"变形"下的"缩放与旋转"菜单命令，可以放大或缩小对象。
　　A. 修改　　　B. 插入　　　C. 编辑　　　D. 查看

(3) 测试动画效果，可以用( )组合键。
　　A. Ctrl+Shift　　B. Alt+Shift　　C. Ctrl+Alt+Shift　　D. Ctrl+Enter

(4) ( )工具可用于选取对象。
　　A. 箭头　　　B. 椭圆　　　C. 任意变形　　　D. 橡皮擦

(5) 如果希望将绘制的对象作为一个整体(包括边线和填充区)，可以在选中所有对象后按( )键。
　　A. Ctrl+A　　　B. Ctrl+B　　　C. Ctrl+C　　　D. Ctrl+D

2. 判断题

(1) 在 Flash 中,"颜料桶"工具主要用于对某一区域进行填充。　　　　　　　　(　)
(2) 无法使用"椭圆"工具绘制出圆。　　　　　　　　　　　　　　　　　　　　(　)
(3) 与传统文本相比,TLF 文本有更多段落样式。　　　　　　　　　　　　　　　(　)
(4) 利用"任意变形"工具时,按 Alt 键再拖动四角的控制点可沿中心点规则地改变对象的大小。　　　　　　　　　　　　　　　　　　　　　　　　　　　　　　　　(　)
(5) 墨水瓶工具可同时改变矢量图形的轮廓色和填充色。　　　　　　　　　　　　(　)

第 3 章

添加课件外部素材

对于多媒体课件来说,只有文字和图形等内容是不够的。为使教学内容更充实直观,在课件中添加外部素材,包括图像、视频、声音等,是非常有必要的。合理添加外部素材,可以提高课件的感官效果,增强学生的学习兴趣和效率。

本章内容
- 添加图像
- 添加音频
- 添加视频

3.1 添加图像

在多媒体 CAI 课件中,图像是应用最多的素材之一。俗话说"一图胜千言",图像中包含许多用其他形式难以表达的内涵,可以帮助学生理解和记忆;此外,它可以增加课件的美观度,吸引学生的注意力。

3.1.1 导入图像

Flash 可识别多种格式的图像文件,要使用外部的图像文件,首先将图像文件导入,导入后的图像被放置在场景中,同时存入"库"面板中;然后可以对导入的图像进行进一步的编辑。

实例 1 植物花的结构

课件"植物花的结构"是北师大版七年级《生物》上册第六章的教学内容。本实例主要制作植物花结构的展示效果,从而介绍从外部导入图像作为课件素材的方法,效果如图 3-1 所示。

制作此课件,先将外部图像导入"库"面板,当需要使用时,可以从"库"面板中拖到舞台。元件拖到舞台上后,称之为实例,当对实例进行修改时,不会影响元件本身。

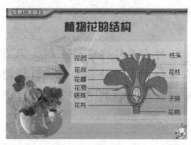

图 3-1 课件"植物花的结构"效果图

 跟我学

1. **导入素材** 打开半成品课件"植物花的结构(初).fla",选择"文件"→"导入"→"导入到库"命令,按图 3-2 所示操作,将图像导入"库"面板。

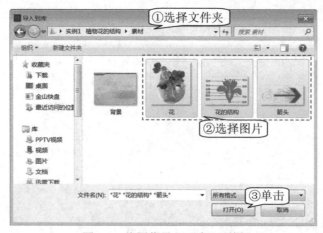

图 3-2 将图像导入"库"面板

如果希望一次导入多个文件,可在"导入"或"导入到库"对话框中,单击选择文件时,按下 Ctrl 键(选择不连续文件)或 Shift 键(选择连续文件)。

2. **打开"库"面板**　选择"窗口"→"库"命令,打开"库"面板。
3. **拖动图像到舞台**　按图 3-3 所示操作,将图像"花的结构.png"拖到舞台。

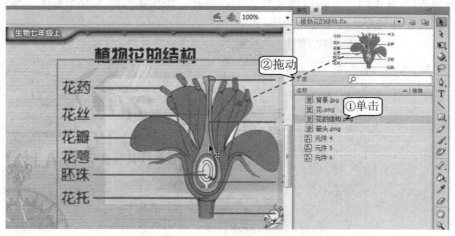

图 3-3　拖动图像到舞台

放置在"库"面板中的素材称为"元件",将这些"元件"拖到舞台上时,就称为"实例"。

4. **调整图像大小**　按图 3-4 所示操作,调整舞台上图像的大小。
5. **调整图像位置**　按图 3-5 所示操作,调整舞台上图像的位置。

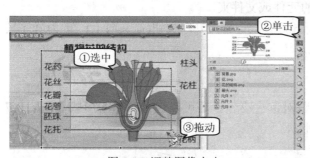
图 3-4　调整图像大小

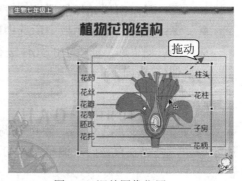
图 3-5　调整图像位置

6. **拖动其他图像**　从"库"面板中拖动其他图像到舞台,并适当调整图像位置,最终效果如图 3-1 所示。
7. **保存并测试课件**　测试动画,将文件以"植物花的结构(终).fla"为名保存。

 知识库

1. "库"面板

如图 3-6 所示的"库"面板主要用于组织和管理元件,利用它可以对其中的元件(图片、声音、按钮等)重复使用,大大降低文件大小;另外,还可以与他人共享存于"库"面板中的元件,提高制作效率,丰富素材资源。

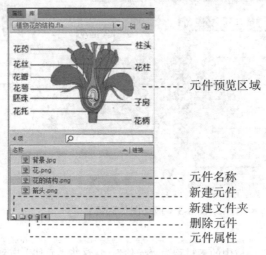

图 3-6　"库"面板

- ▤：弹出选项菜单,用户根据需要选择执行其中的命令。
- ▯：新建元件,用于新建一个空元件。
- ▭：建立文件夹,把元件分门别类地放入不同文件夹中,便于查找和修改。
- ▨：显示所选元件的属性,可对元件的属性进行修改。
- ▥：删除"库"面板中所选中的元件或文件夹。
- ▲：对"库"面板中的元件进行排序,其中▲为升序按钮(箭头向上)、▼为降序按钮(箭头向下)。

2. 调整对象形状

通过"任意变形"工具,除可以调整对象大小外,还可以调整对象的形状,按图 3-7 所示操作,可在垂直方向上调整对象的形状。

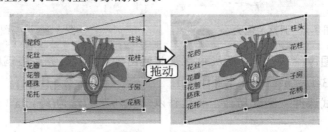

图 3-7　调整形状

 创新园

(1) 打开"数学游戏.fla"文件，将素材文件夹中的图片导入"库"面板中，制作出如图 3-8 所示的课件效果。

(2) 新建 Flash 文档，利用素材文件夹中的图片，制作如图 3-9 所示的课件效果，以"有创意的字.fla"命名保存。

图 3-8　课件"数学游戏"效果图

图 3-9　课件"有创意的字"效果图

3.1.2　编辑图像

将图像导入"库"面板，再从"库"面板中拖到舞台上后，很多图像还需要进行简单的调整和设置，如大小、位置、透明度等，以使图像更美观。

实例 2　认识钟表

课件"认识钟表"是小学《数学》(北师大版)一年级上册内容。本课件制作电子时钟运行的效果，通过实例了解图像编辑和美化的方法，效果如图 3-10 所示。

制作该课件，可以先输入并设置好标题和内容文字，然后导入一些所需要的图像。这些图像拖到舞台上时，根据需求，可以进行适当的修饰和美化。

图 3-10　课件"认识钟表"效果图

 跟我学

添加和修饰文字

利用文本工具在舞台上输入标题和课件内容，然后根据要求对文字进行适当修饰和美化。

1. **输入标题**　打开"认识钟表(初).fla"文件，单击时间轴"内容"图层第 1 帧，选中"文本"工具 T，在舞台上方输入标题文字"认识钟表"。

2. **设置标题格式** 按图3-11所示操作，设置标题文字的大小、字体、颜色和字符间距等。
3. **输入正文** 在舞台上输入正文内容，并设置文字格式为"幼圆、18号、#CC0066红色"，文字效果如图3-12所示。

图3-11 设置标题格式　　　　　图3-12 正文文字效果

制作时钟

该电子时钟是与计算机时间相一致的电子钟，指针是半成品且已经存在于"库"面板中，制作时只需要导入钟的圆盘，然后加以美化即可。

1. **导入图像** 选择"文件"→"导入"→"导入到库"命令，导入"小狗.gif""云.gif"和"钟表面.jpg"3张图片至"库"面板。
2. **拖动图像到舞台** 选中"钟的表面"图层第1帧，按图3-13所示操作，将图像"钟表面.jpg"拖到舞台左侧。

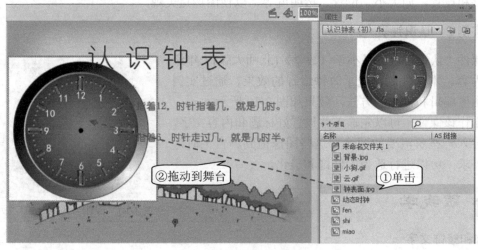

图3-13 拖动图像到舞台

3. **调整图像大小** 按图3-14所示操作，适当调整图像大小。

按住Shift键的同时，调整图片大小，可以实现等比例缩放。

4. **分离图像** 单击"选择"工具，选中"钟表面.jpg"图像，选择"修改"→"分离"命令，将图像分离，分离后的图像效果如图3-15所示。

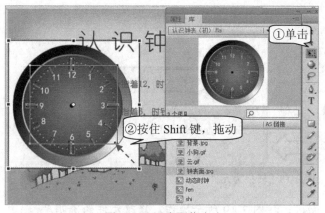

图3-14 调查图像大小　　　　　　　　　　图3-15 分离图像

分离位图是将图像中的像素分散到离散的区域中，这样可以分别选中这些区域并进行修改。

5. **去掉背景** 按图3-16所示操作，去掉图像背景。

图3-16 去掉背景

6. **清除背景杂质** 按图3-17所示操作，去掉图像背景未清除干净的杂质。

图3-17 清除背景杂质

7. **清除其他杂质**　继续去掉图像背景中未清除干净的其他杂质。
8. **转换元件**　单击"选择"工具，按图 3-18 所示操作，将图像转换为图形元件，以便调整其透明度。

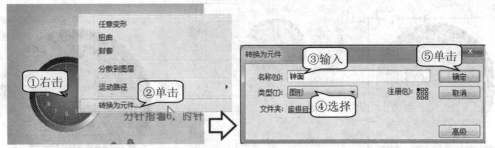

图 3-18　转换为元件

9. **设置透明度**　展开"属性"面板，按图 3-19 所示操作，修改元件的透明度。
10. **调整时钟**　从"库"面板中拖动"动态时钟"元件到"钟面"对象的中间位置，并适当调整大小，效果如图 3-20 所示。

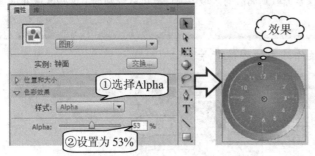 

图 3-19　设置透明效果　　　　　　　图 3-20　时钟效果

制作问答题

为增加课堂互动性，设置一个问题让学生回答，该问题由两个图形对象和一个文本框组成。

1. **设置标注**　将"库"面板中的图像"标注.gif"拖到舞台右侧，并适当调整大小，效果如图 3-21 所示。
2. **翻转标注**　选择"修改"→"变形"→"水平翻转"命令，将"标注"框水平翻转，效果如图 3-22 所示。

图 3-21　设置标注　　　　　　　　图 3-22　翻转标注

3. **输入标注文字** 选择"文本"工具 T，按图 3-23 所示操作，输入文字，并设置字体格式。

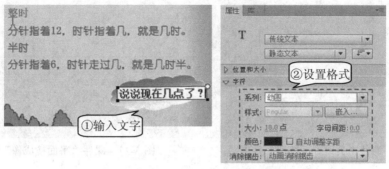

图 3-23 输入标注文字

4. **旋转文字** 按图 3-24 所示操作，将标注文字旋转。

图 3-24 旋转文字

5. **放置小狗图片** 将"库"面板中的图像"小狗.gif"拖到舞台，移到适当位置，效果如图 3-25 所示。

图 3-25 放置小狗图片

6. **保存并测试课件** 测试效果，以"认识钟表(终).fla"为名保存。

创新园

(1) 打开"英语对话练习.fla"文件，将素材文件夹中的水果图片导入舞台，制作如图 3-26 所示的课件效果。

(2) 新建一个 Flash 文档，利用素材文件夹中的图片，制作平面镜成像课件，效果如图 3-27 所示，将文件以"平面镜成像.fla"为名保存。

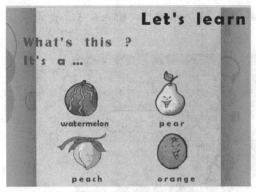
图 3-26　课件"英语对话练习"效果图

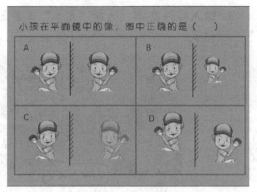
图 3-27　课件"平面镜成像"效果图

3.2　添加音频

在多媒体 CAI 课件中，声音是一个非常重要的表现元素，经常要根据内容在课件中插入音频素材。Flash 课件中声音的选择一定要与课件内容贴切，否则可能会对教学有干扰，起到画蛇添足的反效果。

3.2.1　导入音频

要在 Flash 课件中加入声音，一般需要将音频文件导入文档，导入后的声音文件会显示在"库"面板中，可以作为素材在课件中进行播放。另外，Flash 软件自带的"公用库"中也提供了一些声音素材，可以根据需要选择使用。

实例 3　音乐欣赏

课件"音乐欣赏"是人教版初中八年级《音乐》下册第三单元的内容，本实例主要制作在音乐课件中导入声音，在课件播放时钢琴声响起的效果，如图 3-28 所示。

图 3-28　课件"音乐欣赏"效果图

制作此课件，需要先导入课件中所要用到的素材，然后将图片和文字内容放到舞台的合适位置，最后再设置声音。

 跟我学

添加图片

先将课件要用到的所有素材都导入"库"面板中，然后将图片拖到舞台上，并适当调整图片的大小和位置。

1. **新建文档** 运行 Flash 软件,按图 3-29 所示操作,新建一个 Flash 文档。

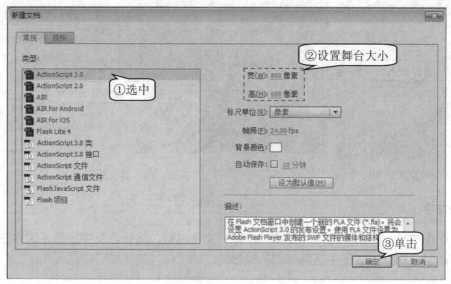

图 3-29 新建文档

2. **导入素材** 选择"文件"→"导入"→"导入到库"命令,将素材文件夹中的素材全部导入"库"面板。
3. **拖入背景图像** 按图 3-30 所示操作,从"库"面板中将背景图像拖入舞台。

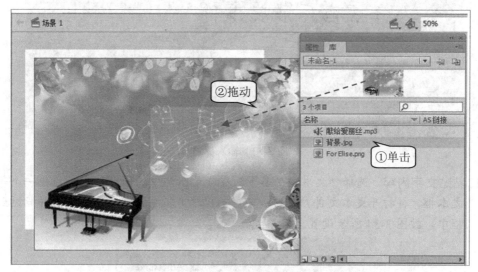

图 3-30 拖入背景图像

4. **调整大小和位置** 按图 3-31 所示操作,在"属性"面板中输入舞台上背景图片的大小、位置的参数值,使图片正好与舞台等大,位置正好在舞台中央。
5. **拖入其他图像** 按图 3-32 所示操作,从"库"面板中将其他图像拖动到舞台,并适当调整大小和位置。

 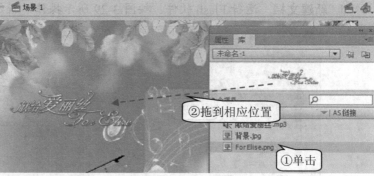

图 3-31　调整大小和位置　　　　　图 3-32　拖入其他图像

添加文字

除图片外，还需要在课件上添加标题和文字内容，将标题文字放置在课件左上角，音乐作品介绍文字放在半透明的圆角矩形处。

1. **输入标题**　选择"文本"工具，在课件左上方添加文字"八年级音乐欣赏课件"，并在"属性"面板中设置字体格式为"方正卡通简体、40 点、黑色"，效果如图 3-33 所示。

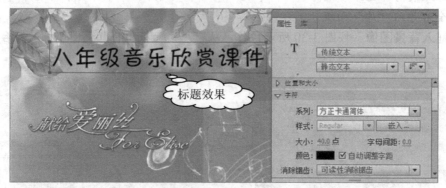

图 3-33　输入标题

2. **粘贴文字内容**　选择"文本"工具，在背景图片中的圆角矩形上拖出一个等宽的文本框，再打开文本文件"献给爱丽丝.txt"，将其中的文字内容复制并粘贴到文本框中，按图 3-34 所示设置文字格式。

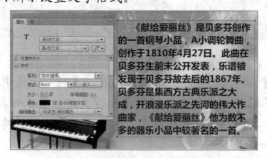

图 3-34　粘贴并设置文字内容

> 添加声音
>
> 课件的文字和图片部分制作完成后,再将之前导入的声音文件应用到时间轴上的第一帧即可。

1. **添加声音** 在"时间轴"面板上单击"图层1"的第1帧,按图3-35所示操作,在关键帧上添加声音。

图 3-35　添加声音

2. **保存并测试课件** 测试课件,以"音乐欣赏.fla"为名保存文件。

(1) 新建一个 Flash 文档,利用素材文件夹中的素材,制作语文课件"雨巷",效果如图 3-36 所示,将文件以"雨巷.fla"为名保存。测试课件,课件播放时,深情的"雨巷"歌曲响起。

(2) 新建一个 Flash 文档,利用素材文件夹中的素材,制作英语课件封面,效果如图 3-37 所示,将文件以"英语课前开场曲.fla"为名保存。测试课件,课件播放时,欢乐的英语歌曲响起。

图 3-36　课件"雨巷"效果图

图 3-37　课件"英语课前开场曲"效果图

3.2.2 编辑音频

在制作课件时，通常还需根据需要对声音进行编辑和调整。编辑声音的过程主要是利用"编辑封套"对话框，为声音添加一些效果，如淡入、淡出、左右声道切换等。

实例4　荷花

课件"荷花"是小学《语文》人教版教材第三册的教学内容。本实例主要制作荷花课文配乐朗诵的效果，效果如图 3-38 所示。

图 3-38　课件"荷花"效果图

制作此课件，先打开半成品课件文件，然后将"库"面板中已经存放制作好的"字幕"影片剪辑直接拖入场景中使用，再将导入的音频素材应用到时间轴并进行适当的编辑。

 跟我学

┌───┐
│ 制作"内容"图层 │
├───┤
│ 　　"内容"图层包括一些图片素材和已经制作好的影片剪辑元件"字幕"，将这些素材放入舞台的合适位置即可。 │
└───┘

1. **更改图层名称**　打开半成品课件"荷花(初).fla"，双击"图层 1"，修改图层名称为"内容"。

2. **导入素材**　选择"文件"→"导入"→"导入到库"命令，导入素材文件夹中的全部素材到"库"面板。

3. **制作背景**　从"库"面板中拖动图片元件"背景.jpg"到舞台，并设置图片坐标为"X:0.0, Y:0.0"，图片大小为"宽:550, 高:400"。

4. **拖动荷花图片**　从"库"面板中将图片素材"荷花.png"拖到舞台，使用"任意变形"工具调整大小后放置在舞台背景图片左侧，效果如图 3-38 所示。

5. **添加朗读音频**　在"库"面板中双击"字幕"影片剪辑的图标，按图 3-39 所示操作，在"朗读"图层的 100 帧处为"字幕"元件添加课文朗读音频。

第3章 添加课件外部素材

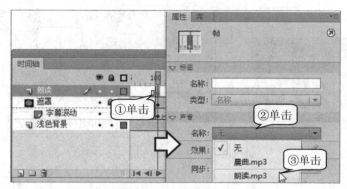

图 3-39　添加朗读音频

6. **拖动字幕元件**　单击 场景1 按钮，从"库"面板中将影片剪辑元件"字幕"拖到舞台中的合适位置，效果如图 3-38 所示。

| 制作"音频"图层 |

　　添加一个单独的图层用于存放背景音乐文件，再通过"属性"面板将音乐应用到时间轴上，并对音乐进行简单编辑。

1. **新建图层**　按图 3-40 所示操作，添加一个新图层并命名为"音乐"。

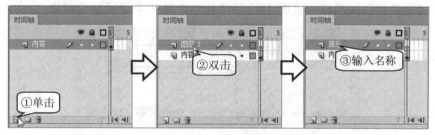

图 3-40　新建图层

2. **添加声音**　按图 3-41 所示操作，为"音乐"图层添加声音。

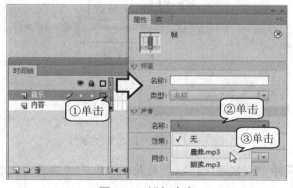

图 3-41　添加声音

3. **编辑声音的开始部分**　观察"字幕"元件的时间轴发现，朗读从 4.2 秒开始，到 170.2 秒结束。按图 3-42 所示操作，编辑声音"晨曲"开始部分的音量变化。

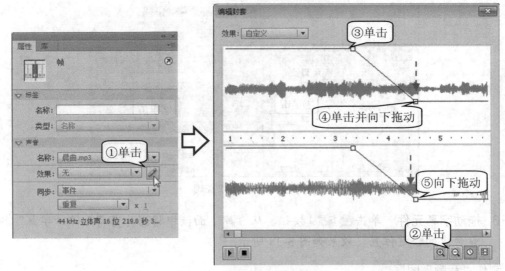

图 3-42　编辑声音的开始部分

　"晨曲"作为背景音乐，不能冲淡朗读的主题，因此当课件中的"朗读"音频开始播放时，背景音乐的音量应当调低。

4．**编辑声音的结尾部分**　按图 3-43 所示操作，编辑声音的结尾部分。

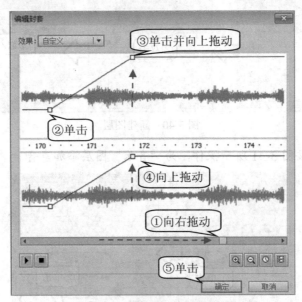

图 3-43　编辑声音的结尾部分

5．**保存并测试课件**　测试课件，以"荷花(终).fla"为名保存文件。

　声音在课件中的重复播放和循环播放都可以在"属性"面板中进行设置，重复播放的次数可以指定，循环播放不限次数，到课件播放结束时才停止声音。

 知识库

1. 设置声音同步选项

通过对 Flash 中声音同步选项的设置,可以控制声音的播放形式,以满足 Flash 中对声音的不同需要。具体设置选项如下。

- 事件:事件声音独立于时间轴播放,即使动画停止,也会继续播放声音。一般在不需要控制声音播放的地方选择该选项,如用在按钮或背景音乐上。
- 开始:与事件声音相似,不同的是,如果声音正在播放,使用"开始"选项不会播放新的声音。
- 停止:使指定的声音静音,如使事件声音停止播放。
- 数据流:该方式下,声音和时间轴同步播放。与事件声音不同,数据流声音的播放时间完全取决于它在时间轴中占据的帧数,动画停止,声音也将停止。制作音乐动画、音乐短剧等需要同步播放影片和声音的动画时,需要选择该选项。

2. 编辑封套

通过"编辑封套"对话框可以设置声音的长度和音量。"编辑封套"对话框中各选项作用如下。

- 声音起点控制轴:拖动声音起点控制轴,可设置声音开始播放的位置。
- 声音终点控制轴:拖动声音终点控制轴,可设置声音结束播放的位置。
- 效果:在该下拉列表中可设置声音效果,如左声道、淡出等效果。
- 节点:上下拖动节点可以调整音量的大小,音量指示线位置越高,音量越大;单击音量指示线,在单击处会增加节点,最多可以有 8 个节点;用鼠标将节点拖到编辑区的外边,可删除节点。
- "放大"按钮/"缩小"按钮:单击这两个按钮,可以改变对话框中声音显示范围,从而方便编辑声音。
- "秒"按钮/"帧"按钮:单击这两个按钮,可以改变对话框中声音显示的长度单位,有"秒"和"帧"两种。
- "播放声音"按钮:单击该按钮,可试听编辑后的声音。
- "停止声音"按钮:单击该按钮,可停止正在播放的声音。

创新园

(1) 打开"一去二三里.fla"文件,利用"库"面板中的素材,制作情景课文朗读动画,每出现一行文字,一个动听的声音就会将课文内容朗诵出来。图 3-44 所示是课件运动时的一个画面。

(2) 新建一个 Flash 文档,利用素材文件夹中的素材,制作古诗配乐朗诵动画,将文件以"春晓.fla"为名保存。测试课件,课件播放时,随着轻音乐声音的逐渐进入,一个动听的声音将古诗内容朗诵出来,古诗文字也随着朗诵的节奏逐步变为红色。图 3-45 所示是课

件运行时的一个画面。

图3-44 课件"一去二三里"效果图

图3-45 课件"春晓"效果图

3.3 添加视频

视频是Flash课件中经常使用的媒体素材，它可以将一些现象直观地反映出来，从而更真实地演示教学内容。在制作多媒体课件时，有些生活现象或实验现象用视频来表现就是一种很好的方式。

3.3.1 使用元件添加视频

视频素材导入舞台后，会自动延长时间轴以适应自己的时间长度，这样常常会改变场景中原来图层间的同步效果。因此在制作含有视频的课件时，一般先添加一个影片剪辑元件，然后将视频导入元件中，最后将元件放入场景。

实例5 铁的性质

课件"铁的性质"是人教版《化学》九年级上册的教学内容。本实例主要制作"铁在氧气中燃烧"的视频演示课件，从而了解Flash软件中导入并使用视频的方法，效果如图3-46所示。

本课件的制作过程：先编辑好课件的文字部分，再导入课件所需要的视频素材作为一个影片剪辑元件，然后将元件拖放到舞台。

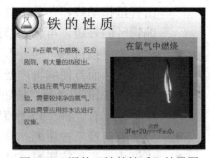

图3-46 课件"铁的性质"效果图

 跟我学

制作内容

先导入背景图片并设置图片的大小和位置，然后输入课件文字，并设置好文字格式，最后绘制一个半透明的矩形用于放置视频。

1. 导入背景图片 新建一个Flash文档，选择"文件"→"导入"→"导入到舞台"

命令，将图像"背景.jpg"导入舞台。
2. **设置大小和位置** 按图 3-47 所示操作，设置背景图片的大小和位置。

图 3-47　设置背景图片的大小和位置

3. **绘制矩形** 新建一个名为"矩形"的图形元件，按图 3-48 所示操作，设置颜色并绘制一个矩形，再回到场景 1，将元件拖到如图 3-46 所示的大致位置。

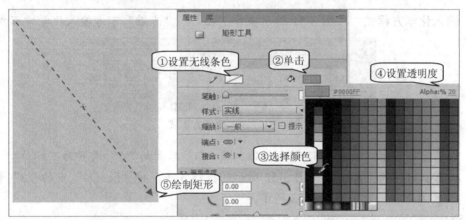

图 3-48　绘制"矩形"元件

4. **输入标题** 按图 3-49 所示操作，设置好标题文字格式，并输入标题文字。

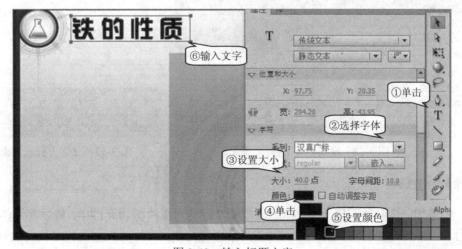

图 3-49　输入标题文字

5. **编辑内容文字**　选择"文本"工具，在如图 3-46 所示的位置拖出一个适当宽度的文本框，输入文字，并按图 3-50 所示设置文字格式。

图 3-50　输入内容文字

6. **输入化学方程式**　按图 3-51 所示操作，在文字"点燃"下方输入化学方程式。

图 3-51　输入化学方程式

7. **设置字符下标**　按图 3-52 所示操作，将"O"后面的"2"设置为下标。
8. **设置其他字符下标**　参照图 3-52 所示的操作方法，将"Fe3O4"中的"3"和"4"设置为下标，效果如图 3-53 所示。

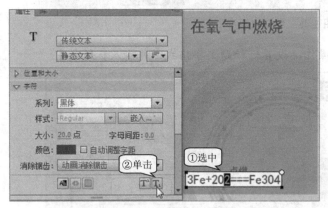

图 3-52　设置字符下标

图 3-53　化学方程式效果

> **制作影片剪辑**
>
> 　　先添加一个影片剪辑元件，然后将视频片段导入影片剪辑元件中，最后将元件拖到舞台。

1. **新建元件** 选择"插入"→"新建元件"命令,按图3-54所示操作,新建一个影片剪辑元件。

图 3-54 新建元件

2. **打开对话框** 选择"文件"→"导入"→"导入到舞台"命令,导入"细铁丝在氧气中燃烧.flv"视频文件。
3. **导入视频** 按图 3-55 所示操作,根据向导提示导入视频到舞台。

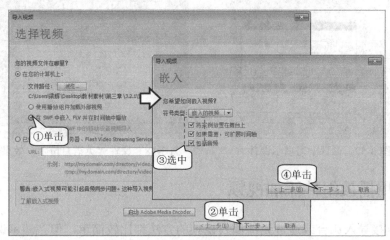

图 3-55 导入视频

4. **返回场景1** 单击 场景1按钮,返回"场景1"的舞台。
5. **完成课件** 按图3-56所示操作,从"库"面板中将视频元件"细铁丝在氧气中燃烧.flv"拖到舞台右侧,并适当调整大小。

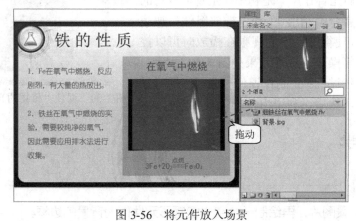

图 3-56 将元件放入场景

6. 保存并测试课件　测试课件，以"铁的性质.fla"为名保存文件。

嵌入的视频不宜过大，否则在下载播放的过程中会占用过多的系统资源，而且时间较长的视频文件通常容易出现音视频难以同步的问题，影响播放效果。

(1) 新建 Flash 文档，利用素材文件夹中的素材，制作微课学习演示课件，当课件运行到此场景时，视频自动播放，图 3-57 所示是课件运行时的一个画面。

(2) 新建 Flash 文档，利用素材文件夹中的素材，制作英语演示课程，当课件运行时会播放视频"英语月份歌"，图 3-58 所示是课件运行时的一个画面。

图 3-57　微课学习演示课件

图 3-58　课件"英语月份歌"效果图

3.3.2　使用播放组件添加视频

将视频直接导入舞台或通过元件插入视频的方法都比较简单，但在演示课件时这些视频在默认情况下会自动播放，很难人为控制。本节制作的 Flash 课件中的视频能够自由控制其播放进度。

实例 6　植物的光合作用

课件"植物的光合作用"是初中《生物》教材的内容。本实例主要介绍利用 Flash"播放组件"加载外部视频的方法，使得课件中的视频在播放时可以控制播放或者暂停等操作，课件效果如图 3-59 所示。

本课件的制作过程：先制作课件背景，包括背景边框和文字信息，然后再利用组件加载视频素材。

图 3-59　课件"植物的光合作用"效果图

编辑背景

先导入背景图片，再绘制一个空心的矩形元件作为背景的边框。

1. **新建文档**　打开 Flash 软件，新建一个 Flash 文档，设置文档的宽高分别为 640 像素和 480 像素。
2. **新建元件**　按 Ctrl+F8 键，再按图 3-60 所示操作，新建一个名为"边框"的图形元件。

图 3-60　新建元件

3. **选择矩形颜色**　单击工具箱中的"矩形"工具，按图 3-61 所示操作，设置矩形属性。

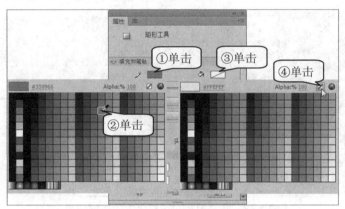

图 3-61　选择颜色

4. **绘制矩形**　按图 3-62 所示操作，在舞台上绘制一个矩形，并且相对于舞台水平居中和垂直居中。
5. **拖动元件到舞台**　将矩形元件从"库"面板中拖到舞台，并适当调节大小，效果如图 3-63 所示。

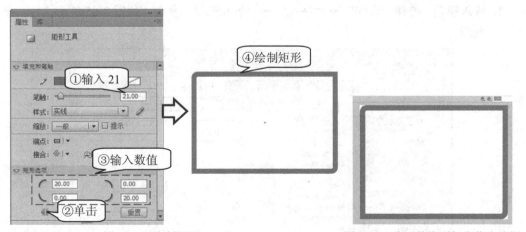

图 3-62　绘制矩形　　　　　　　　　图 3-63　将元件拖到舞台作为边框

6. **导入图片**　将图片文件"背景.jpg"导入舞台，然后右击图片，选择"排列"→"移至底层"命令，将图片置于矩形元件下层，再设置图片的大小和位置，效果如图 3-59 所示。

> **输入文字**
>
> 导入装饰图片后,设置图片的大小和位置,再在图片右边输入课件标题,并设置相应的字体格式。

1. **导入图片** 将图片"树叶.png"导入舞台,并设置图片的大小和位置,效果如图 3-64 所示。
2. **输入课件标题** 在装饰图片的右边输入课件标题"植物的光合作用",并设置字体格式为"华文新魏、50 点、蓝色",效果如图 3-64 所示。

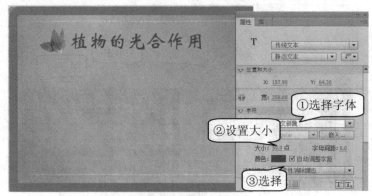

图 3-64 装饰图片和标题文字的设置效果

> **添加视频**
>
> 将存放于素材文件夹中的视频文件导入 Flash 课件中,并设置通过播放组件进行播放。

1. **导入视频** 选择"文件"→"导入"→"导入视频"命令,按图 3-65 所示操作,导入视频。

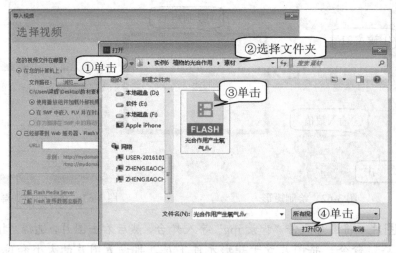

图 3-65 导入视频

2. **选择播放外观** 单击 下一步> 按钮,按图 3-66 所示操作,选择视频播放组件的外观和颜色。

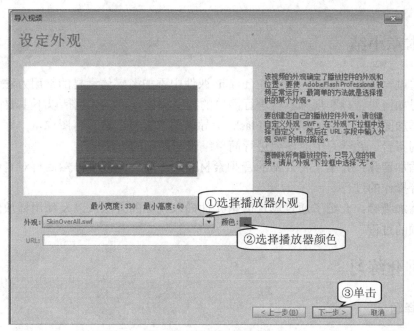

图 3-66 选择播放外观

3. **完成导入** 单击  按钮,完成视频的导入过程,再适当调整动画播放窗口在舞台中的大小和位置。
4. **保存并测试课件** 测试课件并保存。

使用播放组件在课件中播放视频的过程需要读取视频文件的路径,因此通常将课件源文档和视频文件放在同一目录中,以便于课件的测试和移植。

创新园

(1) 新建 Flash 文档,利用素材文件夹中的素材,制作演示地理课程动画,当课件运行时,通过播放器的控制按钮,可以控制视频播放,图 3-67 所示是课件运行时的一个画面。

(2) 新建 Flash 文档,利用素材文件夹中的素材,制作生物演示课程"开花和结果",当课件运行时可以根据需要,控制播放视频,图 3-68 所示是课件运行时的一个画面。

图 3-67 课件"地球上为什么会有昼夜长短的变化?"效果图   图 3-68 课件"开花和结果"效果图

3.4 小结和习题

3.4.1 本章小结

本章通过一些具体实例，介绍在 Flash 课件中添加多媒体素材的常用方法和过程，并进一步学习如何对音频和视频素材进行简单的加工和处理，具体包括以下主要内容。
- 添加图像：介绍了如何向 Flash 中导入图像素材，然后将图像从"库"面板应用到舞台，并学习了对图像进行简单编辑与加工的方法。
- 添加音频：介绍了将外部的音频素材导入"库"面板中，然后再对音频进行编辑等操作的过程。
- 添加视频：介绍了通过影片剪辑元件插入视频的方法，以及使用播放组件添加视频的过程。

3.4.2 强化练习

1. 选择题

(1) 在"编辑封套"对话框中，Flash 允许添加(　　)个控制柄。
　　A．7　　　　　　B．8　　　　　　C．9　　　　　　D．10
(2) 要使动画时间轴与声音很好地同步播放，可以选择(　　)同步类型。
　　A．事件声音　　B．数据流式声音　　C．数字声音　　D．模拟声音
(3) 在 Flash 中，下面关于导入视频说法错误的是(　　)。
　　A．在导入视频片段时，可以选择 Web 上的视频
　　B．用户可以将包含嵌入视频的文档发布为 Flash 动画
　　C．导入的视频文件不可以再嵌入 Flash 动画中，只能独立播放
　　D．用户可以让嵌入的视频片段的帧频率同步匹配主场景的帧频率
(4) 打开"创建新元件"对话框的快捷键是(　　)。
　　A．Ctrl+K　　　B．Shift+F2　　　C．Ctrl+F3　　　D．Ctrl+F8
(5) 使用元件插入视频文件时，元件的类型必须是(　　)。
　　A．图形　　　　B．图像　　　　C．按钮　　　　D．影片剪辑

2. 判断题

(1) MP3 格式的声音文件不能被导入 Flash 中。　　　　　　　　　　　　　　(　　)
(2) 在 Flash 中，声音素材都被保存在"库"面板中。　　　　　　　　　　　　(　　)
(3) Flash 中使用的声音文件音量是不可更改的。　　　　　　　　　　　　　　(　　)
(4) 使用影片剪辑元件插入的视频在舞台上的尺寸是可调节的。　　　　　　　(　　)
(5) 舞台上的多个对象的叠放次序是由拖入舞台中的顺序决定的，对象间的上下层顺序不可更改。　　　　　　　　　　　　　　　　　　　　　　　　　　　　(　　)

第 4 章

Flash 课件对象操作

　　Flash 课件对象有影片剪辑、按钮元件、图形元件、图像和形状 5 种类型，在制作课件的过程中，需将对象添加到舞台上，编辑舞台上的对象是制作课件动画的基本工作，只有熟练掌握了编辑对象的操作技巧，才能在后面的动画制作中得心应手。本章主要介绍了 Flash 课件对象的操作和相关知识，通过学习可以对添加到舞台上的对象进行复制、对齐、缩放、组合等操作，为制作课件做准备。

本章内容

- 排列与对齐对象
- 变形对象
- 合并对象
- 编组与分离对象

4.1 对齐与排列对象

如果同一画面中出现了多个对象，为了增加画面的美感，就需要将这些对象排列整齐。Flash 提供了"对齐"面板，可以根据需要将被选择的多个对象进行各种形式的排列和对齐。

4.1.1 对齐对象

在 Flash 中，使用"对齐"面板可按照水平或垂直方向对齐选中的多个对象，也可将各对象间设置成相等距离。

实例 1　民间艺术剪纸

本实例是小学《美术》第八册第十课课件"民间艺术剪纸"中的一页，展示了民间艺术的剪纸作品，课件效果如图 4-1 所示。在本例中主要使用了"对齐"面板中的各种命令对页面进行排列。

图 4-1　课件"民间艺术剪纸"效果图

在课件半成品的基础上，添加图像对象到舞台上，使用"匹配宽和高"命令，将舞台上所有图像对象调整成相同大小，再使用对齐命令，使对象整齐排列，画面更美观。

 跟我学

> **添加位图对象**
>
> 　　选择"窗口"→"库"命令，打开"库"面板，可采用拖动的方法，将库中的位图等对象拖到舞台上。

1. **打开课件**　运行 Flash 软件，选择"文件"→"打开"命令，使用"打开"对话框，打开"民间艺术剪纸(初).fla"文件。
2. **添加对象**　打开"库"面板，按图 4-2 所示操作，将"库"面板中的图像拖到舞台上。

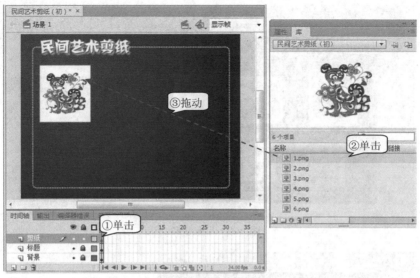

图 4-2　添加对象

3. **添加其他对象**　用上面同样的方法,将"库"面板中其他图像拖到舞台上,效果如图 4-3 所示。

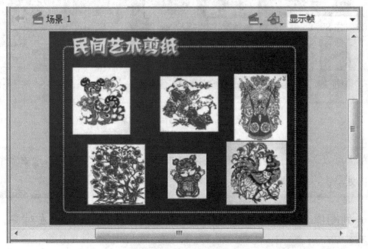

图 4-3　添加其他对象

对齐所选对象

利用"对齐"面板中的各项功能,可以精确地对齐对象,"对齐"面板还有调整对象间距和匹配大小等功能。

1. **匹配宽和高**　选择"窗口"→"对齐"命令,打开"对齐"面板,按图 4-4 所示操作,将选中的对象设置相同宽度与高度。
2. **对齐第一行图像**　按图 4-5 所示操作,将第一行图像设置为顶对齐、水平居中分布。

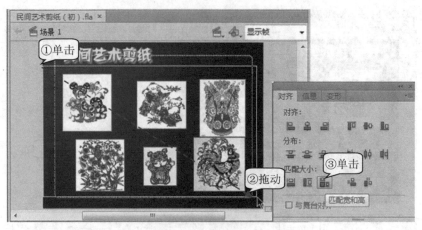

图 4-4 匹配宽和高

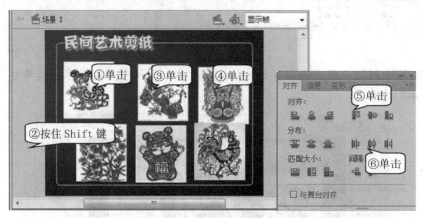

图 4-5 对齐第一行图像

 单击可以选中舞台上的对象；按住 Shift 键单击对象，可以同时选中多个对象；在舞台空白处单击，可以取消对象的选中状态。

3. **对齐第一列图像** 按图 4-6 所示操作，将第一列图像设置为左对齐。

图 4-6 对齐第一列图像

4. **对齐其他图像** 用上面同样的方法,将舞台上的 6 个图像分别对齐。
5. **保存文件** 选择"文件"→"另存为"命令,将文件以"民间艺术剪纸(终).fla"为名保存。

知识库

1. "对齐"面板

"对齐"面板中有 4 类按钮(对齐、分布、匹配大小和间隔),每个按钮上的方框表示对象,直线表示对象对齐或隔开的基准线。

- 垂直对齐按钮 ：分别将对象向左、居中及向右对齐。
- 水平对齐按钮 ：分别将对象向上、居中及向下对齐。
- 垂直分布按钮 ：分别将对象按顶部、中点及底部在垂直方向等距离排列。
- 水平分布按钮 ：分别将对象按左侧、中点及右侧在水平方向等距离排列。
- 匹配大小按钮 ：分别将对象进行水平、垂直或等比例缩放。匹配是以宽度和高度的最大值为基准的。
- 间隔按钮 ：使对象在垂直或水平方向上间隔距离相等。

2. 相对于舞台对齐

在"对齐"面板上还有 与舞台对齐 选项,如果没有选择这个选项,则舞台上的多个对象对齐操作与舞台没有位置关系,只是和各图形之间的相对位置。如果要实现各个对象相对于舞台的位置对齐,则需要选择"对齐"面板上的 与舞台对齐 选项。

创新园

(1) 打开"古代手工业的进步.fla"文件,将舞台上的两个对象设置成相同大小并顶端对齐,效果如图 4-7 所示。

(2) 打开"大自然的语言.fla"文件,将舞台上的按钮对象设置为左对齐,并将按钮间距设置为相同大小,效果如图 4-8 所示。

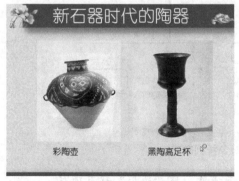
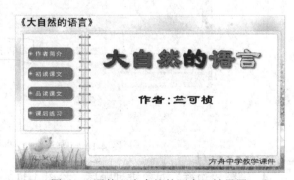

图 4-7 课件"古代手工业的进步"效果图　　图 4-8 课件"大自然的语言"效果图

4.1.2 排列对象

在同一图层中，Flash 会根据对象建立的先后顺序堆栈对象，最新建立的对象总在堆栈的最上方。一般可以通过"排列"操作调整对象的前后顺序。

实例 2　古诗二首

本例是对应小学二年级语文"古诗二首"中的内容，如图 4-9 所示。利用课件向小学生展示春天池塘风景，体会"小荷才露尖尖角，早有蜻蜓立上头。"的美妙画面。通过本例的学习，掌握调整舞台上对象的排列顺序的方法。

课件是半成品，打开文件，将"库"中的素材拖到舞台上，再根据实际情况，使用"排列"命令调整对象的排列顺序。

图 4-9　课件"古诗二首"效果图

 跟我学

1. **打开文件**　运行 Flash 软件，打开"古诗二首(初).fla"文件。
2. **添加对象**　将"库"面板中的对象依次拖到舞台上。
3. **调整"水面"对象排列顺序**　按图 4-10 所示操作，将对象"水面"移到舞台最底层。

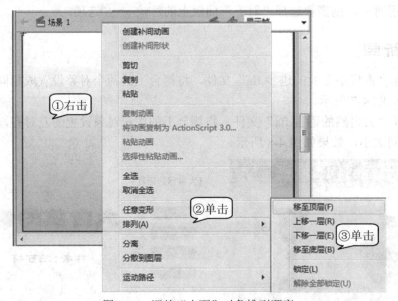

图 4-10　调整"水面"对象排列顺序

4. **调整"边框"对象排列顺序**　按图 4-11 所示操作，将"边框"移至顶层。

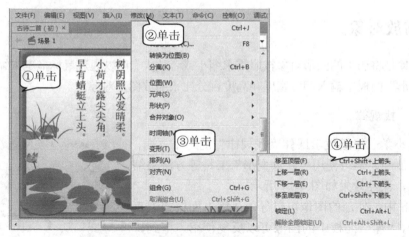

图 4-11 调整"边框"对象排列顺序

调整对象的排列顺序,可以使用快捷键,如选中对象按 Ctrl+Shift+↑键可将对象移到顶层,按 Ctrl+↑键可上移一层,按 Ctrl+↓键可下移一层,按 Ctrl+Shift+↓键可移到底层。

5. **调整顺序** 用上面同样的方法,调整舞台上各对象的排列顺序。
6. **调整位置** 使用鼠标拖动舞台上的对象,将舞台上所有对象放到合适位置。
7. **播放保存文件** 按 Ctrl+Enter 键,播放动画,查看效果,并以"古诗二首(终).fla"为名保存文件。

(1) 打开"长颈鹿.fla"文件,调整舞台上对象的排列顺序,效果如图 4-12 所示。
(2) 打开"小蝌蚪找妈妈.fla"文件,调整舞台上对象的排列顺序,效果如图 4-13 所示。

图 4-12 "长颈鹿"课件效果图   图 4-13 "小蝌蚪找妈妈"课件效果图

4.2 变形对象

制作一个效果好的课件往往要经过多次的编辑和修改,Flash 提供了多种工具和操作方法,可以根据需要对图形进行细致的修改,使得视觉效果更加丰富。将对象任意变形,可以单独执行某个操作,也可以将缩放、旋转、倾斜和扭曲等多个变形操作组合在一起执行。

4.2.1 缩放对象

缩放对象是将选中的图形对象按照需求缩小或者放大。可以通过鼠标拖曳来缩放对象，也可以在"变形"面板中输入相应宽度和高度百分比来缩放图形对象。

实例 3　找规律

本例是小学三年级数学课件"找规律"的一个页面，通过本课件制作，学习使用"任意变形"工具等方法来缩放图形对象，课件效果如图 4-14 所示。

在 Flash 中，外部的图像可以导入"库"面板或者直接导入舞台，"库"面板中的图像可以反复使用，拖到舞台上的对象，可以使用变形工具或"属性"面板缩放大小。

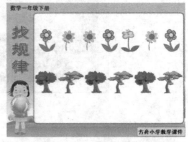

图 4-14　课件"找规律"效果图

 跟我学

> **粗略缩放对象**
>
> 使用工具栏上的"缩放"按钮，或选择"修改"→"变形"→"缩放"菜单命令，对选中的对象进行缩放。

1. **打开文件**　运行 Flash 软件，打开"找规律(初).fla"文件。
2. **新建图层**　选中"背景"图层，单击时间轴上的"新建图层"按钮，新建图层，并命名为"花朵"。
3. **添加对象**　单击"花朵"图层的关键帧，打开"库"面板，将图像"五瓣花"拖到舞台的左侧。
4. **缩小对象**　按图 4-15 所示操作，将"五瓣花"缩放到合适大小。

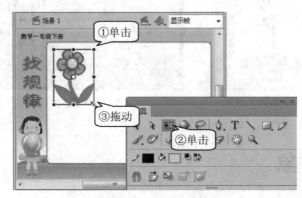

图 4-15　缩小对象

 在缩放对象时，按住 Shift 键拖动可以进行等比例缩放，或者在"属性"面板上，选中"约束纵宽比"，即可以进行等比例缩放。

5. **添加其他花朵** 用上面同样的方法，添加其他花朵，并缩放到适合大小。
6. **对齐对象** 选中所有的"花朵"，使用"对齐"面板，将花朵对齐。

> **精确缩放对象**
>
> 使用"属性"面板中的"位置与大小"，可以输入对象的高与宽，精确设置对象的大小。

1. **新建图层** 在"花朵"图层上新建图层，并命名为"小树"。
2. **添加对象** 选中"小树"图层的关键帧，将图像"树1"拖到舞台上。
3. **缩小对象** 按图 4-16 所示操作，选中"锁定宽度与高度值"，并将对象设置为"高 100"。

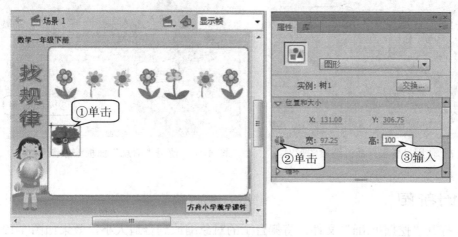

图 4-16 缩小对象

属性面板的"位置与大小区域"按钮 ，表示宽度值与高度值不锁定在一起，单击按钮，即变成 ，表示宽度值与高度值锁定。

4. **添加其他对象** 用上面同样的方法，添加其他树木，并缩放到合适大小。
5. **对齐树木对象** 选中所有的"树木"，使用"对齐"面板，将树木对齐。
6. **播放保存文件** 播放动画，查看效果，并以"找规律(终).fla"为名保存。

 知识库

1. 缩放变形框

工具箱中的"任意变形"工具，与"修改"→"变形"命令功能相同，都可以用来对图形对象进行缩放、旋转、倾斜、扭曲等变形操作。选中图形对象后，在图形的四周显示出变形框，上面有 8 个控制点，在所选对象的周围移动光标，指针会发生变化，提示可以进行何种变形功能。如果将指针指向变形框四角的某个控制点时，可以缩小或放大图形对象；如果将指针指向变形框四角的某个控制点外部，并且与该控制点保持一定的距离，则可以对图形进行旋转。

2. 通过"变形"面板缩放对象

选中要缩放的图形对象,选择"窗口"→"变形"命令,在弹出的"变形"面板中,按图4-17所示操作,输入对象的长宽百分比,按Enter键,可以缩放图形对象。

3. 通过"信息"面板缩放对象

选中要缩放的图形对象,选择"窗口"→"信息"命令,在弹出的"信息"面板中,按图4-18所示操作,输入气球的宽度和高度,从而缩放图形对象。

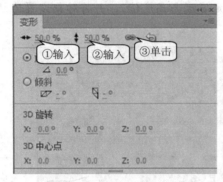
图4-17 使用"变形"面板缩放图形对象

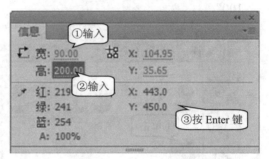
图4-18 使用"信息"面板缩放图形对象

(1) 打开"挖掘机.fla"文件,将舞台上的对象缩放到合适大小,效果如图4-19所示。

图4-19 课件"挖掘机"效果图

(2) 打开"火箭.fla"文件,将舞台上的对象缩放到合适大小,效果如图4-20所示。

图4-20 课件"火箭"效果图

4.2.2 旋转和倾斜对象

旋转和倾斜是比较常用的操作。可以通过"任意变形"工具拖曳变形框控制点,或是在"变形"面板中输入数值来旋转和倾斜所选对象。

实例 4　图形的运动—旋转

本案例是小学五年级数学课件"图形的运动—旋转"中的一个动画,如图 4-21 所示,通过图形的旋转,让学生直观感知数学的美。通过本案例的学习,掌握 Flash 中舞台上对象的旋转方法。

五瓣花五个花瓣占 360 度,由一个图案旋转得到,需要将花瓣图层复制 4 次,使用"旋转"命令或"变形"面板,将花瓣分别旋转 72°、144°、-114°、-72°,即可得到五瓣花图案。

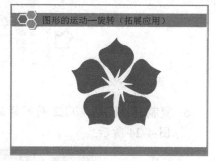

图 4-21　"图形的运动—旋转"课件效果图

 跟我学

添加花瓣对象

五瓣花有 5 个花瓣,用复制图层的方法,让每个花瓣在一个图层上,并为图层命名,为后面制作动画做准备。

1. **打开文件**　运行 Flash 软件,打开"图形的运动—旋转(初).fla"文件。
2. **添加对象**　选中"花瓣 1"图层的关键帧,将"库"面板中的图像"花瓣.png"拖到舞台上。
3. **调整对象大小与位置**　按图 4-22 所示操作,缩放花瓣到合适的大小,并调整到合适位置。

图 4-22　调整对象大小与位置

4. **复制图层**　按图 4-23 所示操作,复制图层,并修改图层的名称为"花瓣 2"。

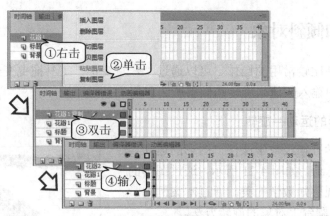

图 4-23 复制图层

5. **复制其他图层** 用上面同样的方法，复制得到其他 3 个图层，并重新命名，效果如图 4-24 所示。

图 4-24 复制其他图层

旋转花瓣对象

选中要旋转的花瓣，使用"任意变形"工具，通过鼠标拖曳倾斜图形对象，或者使用"旋转"面板，直接输入需要旋转的角度。

1. **调整对象变形点** 选中"花瓣 5"图层的关键帧，按图 4-25 所示操作，调整花瓣对象的旋转变形点。

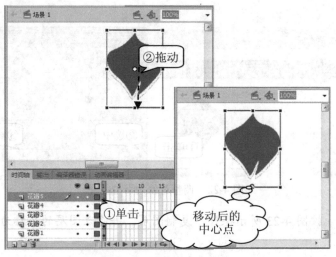

图 4-25 调整对象变形点

2. **旋转花瓣对象** 选择"窗口"→"变形"命令,打开"变形"面板,按图 4-26 所示操作,将花瓣旋转-72°。

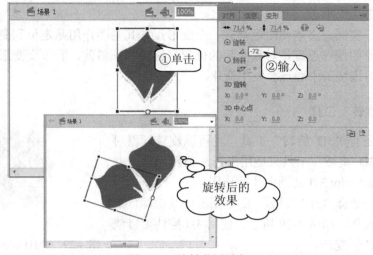

图 4-26 旋转花瓣对象

 在 Flash 中,旋转的角度是 0°~360°,也可以表示为 0°~180°、-180°~0°,即-72°也可以表示为 288°。

3. **旋转其他花瓣** 用上面同样的方法,分别选中"花瓣 4、花瓣 3、花瓣 2",并设置旋转度数为"-144、144、72",效果如图 4-27 所示。
4. **保存文件** 播放动画,查看效果,并以"图形的运动—旋转(终).fla"为名保存文件。

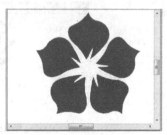

图 4-27 旋转其他花瓣

 知识库

1. **通过"变形"面板旋转**

通过"变形"面板可以对图形和对象进行缩放、旋转、倾斜操作,它变形的效果与"任意变形"工具和"变形"命令相同,更重要的是可以对图形对象进行重置选区和变形。

选中要旋转和倾斜的图形对象,选择"窗口"→"变形"命令,打开"变形"面板,输入气球旋转的角度和倾斜的角度即可完成图形对象的旋转和倾斜,如图 4-28 所示。

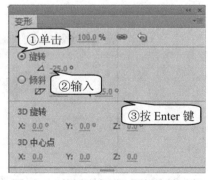

图 4-28 使用"变形"面板旋转对象

2. 变形点

当选择旋转和倾斜后，除出现变形框和控制点外，在变形框的中央位置还有一个白色实心的圆，称之为变形点。

所有的组、实例、文本和图像都有一个变形点，其主要作用是定位和变形。在默认情况下，每个对象的变形点就是对象实际的位置。旋转和倾斜前，若改变变形点的位置，则在旋转或倾斜时围绕的中心点会发生变化。

3. "3D 旋转"工具

工具箱中还有"3D 旋转"工具，也可以旋转倾斜对象，只不过"3D 旋转"工具只适用于影片剪辑元件，并且只有在 ActionScript 3.0 文档中才能使用。

在工具箱中选择"3D 旋转"工具，可以在舞台上旋转影片剪辑元件，如图 4-29 所示，使用 3D 控件可以绕 X 轴、Y 轴和 Z 轴旋转。

图 4-29　"3D 旋转"影片剪辑对象

创新园

(1) 打开"雪花.fla"文件，用给定的图形，旋转后得到"雪花"图案，效果如图 4-30 所示。

图 4-30　"雪花"课件效果

(2) 打开"四叶草.fla"文件，用给定的图形，通过旋转制作四叶草图案，效果如图 4-31 所示。

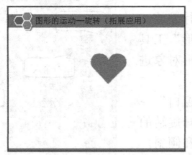 

图 4-31　"四叶草"课件效果

4.2.3 翻转对象

要翻转的对象可以沿图形水平或垂直方向翻转，翻转的方法也有多种，通过拖曳、菜单命令或是"变形"面板都可以翻转对象。

实例5 轴对称图形

本案例是北师大版三年级下册《数学》第二单元"轴对称图形"课件中的一个画面，效果如图 4-32 所示，通过复制翻转半个蝴蝶图案，得到一个完整的蝴蝶，让学生体会轴对称图形的特点。

图 4-32　课件"轴对称图形"效果图

新建图层，将已有的半个蝴蝶图案，复制到新建图层上，再通过"修改"→"变形"→"水平翻转"命令，得到蝴蝶图案的另一半，再通过移动命令、对齐面板调整对象，得到完整的蝴蝶图案。

 跟我学

1. **打开文件**　打开文件"轴对称图形(初).fla"。
2. **添加图层**　按图 4-33 所示操作，在图层"左半"上添加一个新图层"右半"。

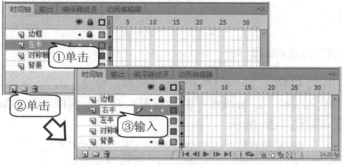

图 4-33　添加图层

3. **复制图案**　复制"左半"图层中的图案，粘贴到"右半"图层中。
4. **翻转对象**　选中"右半"图层的关键帧，使用"修改"→"变形"→"水平翻转"命令，将复制的图案水平翻转，效果如图 4-34 所示。

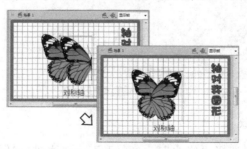

图 4-34　翻转对象

拖曳变形框垂直线中心处的控制点,可以沿水平方向翻转对象,拖曳水平线中心的控制点可以沿垂直方向翻转对象。

5. **调整对象位置** 选中翻转后的图案,拖到合适位置。
6. **对齐对象** 按图 4-35 所示操作,将选中的 2 个图案顶端对齐。

图 4-35 对齐对象

7. **保存文件** 播放动画,查看效果,并以"轴对称图形(终).fla"为名保存文件。

 ## 知识库

1. 通过"变形"面板翻转对象

选中要翻转的图形对象,选择"窗口"→"变形"命令,打开"变形"面板。在"水平倾斜"参数框中输入 180°,可以水平翻转对象;在"垂直倾斜"参数框中输入 180°,可以垂直翻转对象,如图 4-36 所示。

图 4-36 垂直翻转对象

2. 通过命令翻转对象

选中舞台上的对象,选择"修改"→"变形"→"水平翻转"命令,可以水平翻转对象;选择"修改"→"变形"→"垂直翻转"命令,可以垂直翻转对象。

3. 使用任意变形工具翻转对象

选中舞台上的对象,单击工具栏上的"任意变形"工具 ,按图4-37所示操作,可实现水平翻转对象,用这种方法也可实现对象的垂直翻转。

图 4-37　水平翻转对象

创新园

(1) 打开"轴对称图形(剪纸).fla"文件,用给定的图形,复制、翻转得到如图 4-38 所示的效果图。

(2) 打开"水草.fla"文件,复制水草图案,使用命令翻转图案,并设置属性,效果如图 4-39 所示。

图 4-38　"轴对称图形(剪纸)"效果图

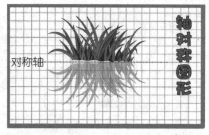
图 4-39　"水草"图案效果

4.3　合并对象

在 Flash 中,合并对象是通过命令实现的,对多个图形对象进行联合、交集、打孔、裁剪等操作，可以绘制出更复杂的图形对象。

4.3.1 联合对象

使用"联合"命令，可以将两个或多个图形对象合并成为单个图形对象，用户可以很方便地对联合在一起的对象进行编辑。

实例6 求阴影部分面积

本实例是六年级《数学》上册第四单元"圆的面积"中的一个页面，课件效果如图 4-40 所示。通过计算阴影部分面积，让学生复习正方形面积及圆形面积的计算方法，通过本案例的学习，掌握联合对象的方法。

使用矩形工具与椭圆工具绘制圆形与正方形，再使用"属性"面板精确设置圆形与正方形的大小，将两个对象重叠起来，使用"联合"命令，得到所需要的图形。

图 4-40 课件"求阴影部分的面积"效果图

 跟我学

绘制图形

新建一个图层，修改图层名称，单独存放需要进行合并操作的两个图形对象。

1. **打开文件** 打开"求阴影部分的面积(初).fla"文件。
2. **新建图层** 在"文字"图层上建立一个新图层，并命名为"图案"。
3. **绘制正方形** 选择"图案"图层的关键帧，按图 4-41 所示操作，绘制一个正方形。

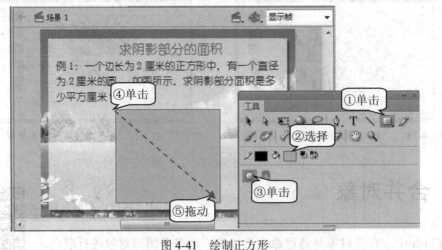

图 4-41 绘制正方形

单击绘制对象按钮 后，Flash 将每个图形创建为独立的对象，可以分别进行处理，互相不受影响。

4. **修改正方形大小** 按图 4-42 所示操作，将图案的大小修改为"宽: 200，高: 200"。

图 4-42 修改正方形大小

5. **绘制圆形** 用上面同样的方法，选择"圆形"工具 ，并将填充色设置为"白色"，按住 Shift 键拖动鼠标，在舞台上绘制一个圆形。
6. **移动位置** 拖动白色圆形，将图形移动到正方形的上方。
7. **修改圆形大小** 用上面同样的方法，将圆形的大小修改为"宽: 198，高: 198"。

联合对象

选中绘制的两个图形，选择"修改"→"合并对象"→"联合"命令，可将两个对象合并为一个新对象。

1. **联合对象** 同时选中正方形与圆形两个对象，按图 4-43 所示操作，联合后形成一个新的图形对象。

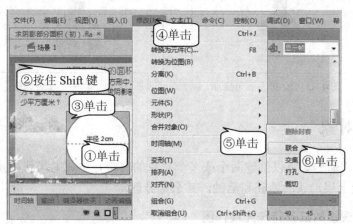

图 4-43 联合对象

2. **添加标注** 在图形添加红色虚线及文字标注"半径 2cm"，效果如图 4-44 所示。

3. **保存文件** 播放动画，查看效果，以"求阴影部分的面积(终).fla"为名保存文件。

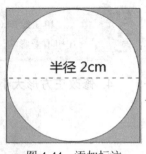

图 4-44 添加标注

 知识库

1. 合并绘制模式和对象绘制模式

Flash 提供了两种绘制模式，分别是合并绘制模式与对象绘制模式。切换这两种模式需要在绘制图形时，单击工具栏上的"对象绘制"按钮 。

- 合并绘制模式：在合并绘制模式下重叠绘制图形时，会自动进行合并。如果选择的图形已与另一个图形合并，移动它则会永久改变其下方的图形形状。
- 对象绘制模式：在对象绘制模式下允许将图形绘制成独立的对象，且在叠加时不会自动合并，分离或重排重叠图形时，也不会改变它们的外形。

2. 网格与辅助线

Flash 提供了标尺辅助参考线功能，使用网格和参考辅助线，可以快速精确定位图形位置，为整体动画设计布局提供了便利。右击场景边灰色区域，使用快捷键可以显示网格和辅助线，也可以在"视图"菜单中选择显示和隐藏网格、辅助线。

 创新园

(1) 新建文件，绘制图形，效果如图 4-45 所示，并以"三角烧瓶.fla"为名保存。
(2) 新建文件，绘制如图 4-46 所示的图形，并以"圆底烧瓶.fla"为名保存。

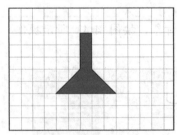

图 4-45 绘制"三角烧瓶"

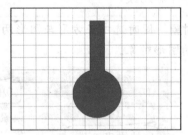

图 4-46 绘制"圆底烧瓶"

4.3.2 交集对象

使用"交集"命令，可以创建两个或多个对象的交集，生成的形状由重叠的部分组成，并保留堆叠的最上层形状的填充和笔触，其余部分删除。

实例7 凸透镜的三条特殊光线作图

本实例是北师大版八年级《物理》第六章第二节课件"凸透镜成像"中的一个画面，通过图向学生展示凸透镜的三条特殊光线作图，效果如图 4-47 所示，通过本案例的学习，掌握利用交集命令合成新图像的方法。

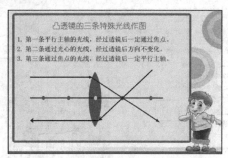

图 4-47 课件"凸透镜的三条特殊光线作图"效果图

　　课件为半成品，在已有部分的基础上，使用绘图工具绘制两个椭圆形，并将两个椭圆重叠起来。使用"修改"→"合作对象"→"交集"命令，得到凸透镜的图案，完成作图。

 跟我学

绘制图形

新建一个图层，修改图层名称，单独存放需要进行合并操作的两个图形对象。

1. **打开文件** 运行 Flash 软件，打开"凸透镜的三条特殊光线作图(初).fla"文件。
2. **新建图层** 在"文字"图层上新建图层，并命名为"凸透镜"。
3. **绘制椭圆形** 选中"凸透镜"图层上的关键帧，按图 4-48 所示操作，绘制椭圆形。
4. **复制椭圆形** 选中椭圆形，按住 Ctrl 键拖动，复制得到另一个椭圆，效果如图 4-49 所示。

图 4-48 绘制椭圆形

图 4-49 复制椭圆形

交集对象

　　选中绘制的两个图形，选择"修改"→"合并对象"→"交集"命令，可将两个对象合并为一个新对象。

1. **移动对象** 拖动一个椭圆对象到另一个椭圆上，使它们有部分重合。
2. **对齐对象** 按图 4-50 所示操作，同时选中两个椭圆对象，将对象设置为顶端对齐。

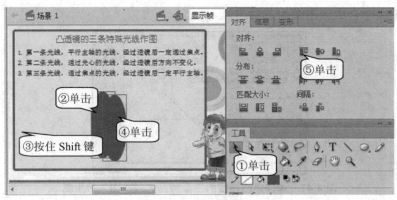

图 4-50　对齐对象

3. **移动对象**　选中一个椭圆,使用方向键左右微调,使两个图形之间的交集接近需要的凸透镜。

4. **联合对象**　同时选中两个椭圆形对象,按图 4-51 所示操作,联合后形成一个新的图形对象。

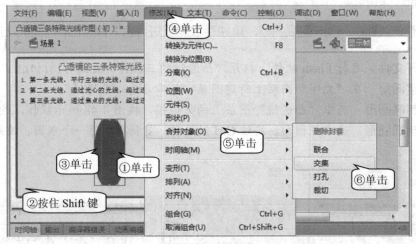

图 4-51　联合对象

5. **绘制光线**　在"凸透镜"图层上方新建图层"光线",绘制光线如图 4-52 所示。

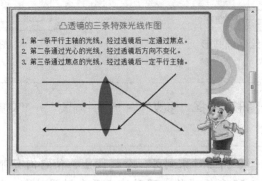

图 4-52　绘制光线

6. **调整大小与位置** 使用"编辑"→"变形"→"缩放"命令,修改凸透镜的大小,并拖到合适位置。
7. **保存文件** 播放动画,查看效果,以"凸透镜的三条特殊光线作图(终).fla"为名保存文件。

(1) 新建文件,绘制图形后,使用"修改"→"合并对象"→"交集"命令进行合并,效果如图 4-53 所示,并以"风车.fla"为名保存文件。

(2) 新建文件,绘制图形后,使用"修改"→"合并对象"→"交集"命令进行合并,效果如图 4-54 所示,并以"标志.fla"为名保存文件。

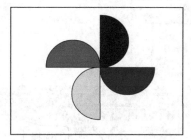

图 4-53　绘制"风车"图形

图 4-54　绘制"标志"图形

4.3.3　打孔对象

使用"裁切"命令,将使用位于上方的图形对象保留下方图形对象中相应的图形部分,并将其合并成为一个图形对象。

实例 8　凹透镜的三条特殊光线作图

本实例是北师大版八年级《物理》第二章第三节课件"透镜成像"中的一个画面,通过图向学生展示凹透镜的三条特殊光线作图,效果如图 4-55 所示,通过本案例的学习,掌握利用"打孔"命令合成新图像的方法。

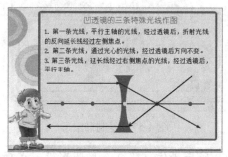

图 4-55　课件"凹透镜的三条特殊光线作图"效果图

绘制 2 个椭圆形和 1 个长方形,将这 3 个图形设置成相同高度,然后将 2 个椭圆的中间部分留空,联合起来成为一个图形,最后将这个图形重叠到一个相同高度的长方形上,使用"修改"→"合作对象"→"打孔"命令，可以得到新的图案。

 跟我学

> **绘制图形**
>
> 新建一个图层，修改图层名称，单独存放需要进行合并操作的两个图形对象。

1. **打开文件**　运行软件，打开"凹透镜的三条特殊光线作图(初).fla"文件。
2. **新建图层**　在"文字"图层，新建一个图层，并命名为"凹透镜"。
3. **绘制椭圆形**　选中"凹透镜"图层上的关键帧，按图4-56所示操作，绘制椭圆形。

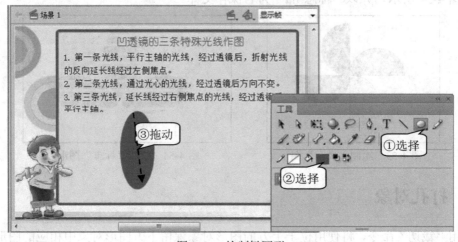

图4-56　绘制椭圆形

4. **复制椭圆形**　选中椭圆形，按住Ctrl键拖动，复制得到另一个椭圆，效果如图4-57所示。

图4-57　复制椭圆形

5. **对齐对象**　按图4-58所示操作，将2个椭圆形设置成顶端对齐。
6. **移动位置**　选中其中一个椭圆，使用键盘上的方向键，微移图形到合适位置。
7. **联合对象**　选中2个椭圆，使用"编辑"→"合并对象"→"联合"命令，将2个椭圆合并成一个图形。

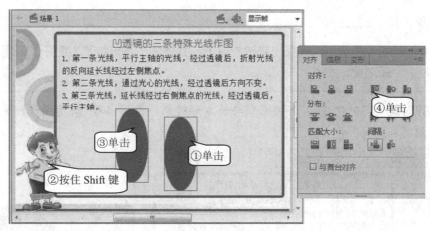

图 4-58 对齐对象

8. **绘制长方形** 按图 4-59 所示操作,绘制矩形。

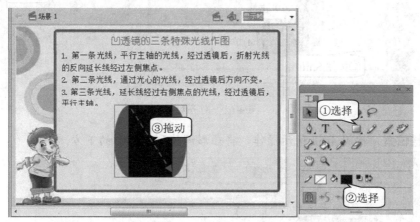

图 4-59 绘制长方形

9. **设置长方形的高度** 选中长方形,按图 4-60 所示操作,将长方形的高度设置与椭圆的高度相同。

图 4-60 设置长方形的高度

> **打孔对象**
>
> 选中绘制的 2 个图形，选择"修改"→"合并对象"→"打孔"命令，可将 2 个对象合并为 1 个新对象。

1. **对齐对象** 同时选中 2 个椭圆形与长方形对象，按图 4-61 所示操作，设置对象按顶端对齐。

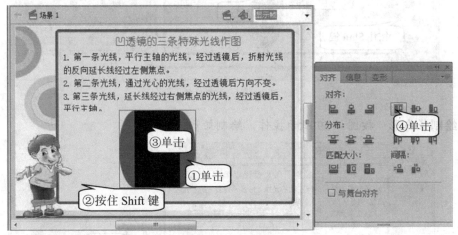

图 4-61 对齐对象

2. **调整位置** 按图 4-62 所示操作，将矩形调整到椭圆形的下方。

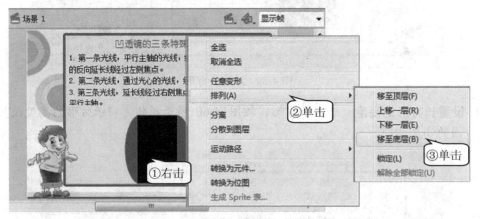

图 4-62 调整位置

3. **打孔对象** 同时选中 2 个对象，按图 4-63 所示操作，联合后形成一个新的图形对象。
4. **绘制光线** 在"凹透镜"图层上新建一个图层"光线"，绘制光线。
5. **调整大小与位置** 使用"编辑"→"变形"→"缩放"命令，修改凹透镜的大小，并拖到适当位置。
6. **保存文件** 播放动画，以"凹透镜的三条特殊光线作图(终).fla"为名保存文件。

图 4-63 打孔对象

(1) 打开"邮票.fla"文件,用给定的红色图形给白色矩形打孔,制作如图 4-64 所示的效果。

(2) 打开"封面.fla"文件,用给定的图形,使用打孔命令,制作如图 4-65 所示的效果。

图 4-64 邮票效果图 　　　　　　　　　图 4-65 封面效果图

4.3.4 裁切对象

使用"裁切"命令,可以删除最上面形状覆盖的形状部分,并完全删除最上面的形状。

实例 9　认识化学仪器

本案例是九年级《化学》课件"认识化学仪器"封面,如图 4-66 所示,为突出化学仪器的不同,在封面上特地使用了烧瓶等仪器。通过案例的学习,掌握化学仪器烧瓶的绘制方法,绘制其中一个装有半瓶液体的烧瓶。

课件为半成品,在现有基础上,绘制圆形与矩形,使用联合命令,得到烧瓶的外形,再通过"复制""粘

图 4-66 课件"认识化学仪器"效果图

贴"命令，得到另一个烧瓶，缩放后选中 2 个图形，使用打孔命令，得到空烧瓶，绘制圆形与矩形，使用裁切命令得到瓶中液体。

 跟我学

> **制作空烧瓶**
>
> 通过复制得到一个新的图形对象，并修改其大小、颜色，用新图形"打孔"原先的图形，得到一个空烧瓶。

1. **打开文件** 运行 Flash 软件，打开"认识化学仪器(初).fla"文件。
2. **绘制图形** 选择工具栏中的椭圆工具与矩形工具，分别绘制矩形与圆形，再选择"修改"→"合并对象"→"联合"命令，将 2 个图形合并为一个烧瓶图形，效果如图 4-67 所示。
3. **复制图形** 选中烧瓶图形，按住 Ctrl 键，拖动复制出一个新的图形。
4. **修改图形颜色** 按图 4-68 所示操作，修改新复制的图形对象的颜色为"蓝色"。

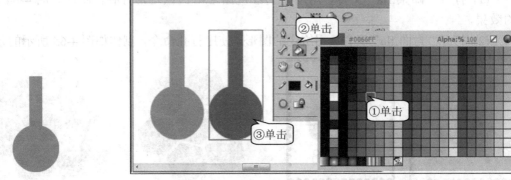

图 4-67　绘制图形　　　　　　　图 4-68　修改图形颜色

5. **缩小图形** 选择"任意变形"工具，拖动缩小蓝色图形，如图 4-69 所示。
6. **制作空烧瓶** 将蓝色烧瓶移到橙色烧瓶的正上方，同时选中 2 个对象，选择"修改"→"合并对象"→"打孔"命令，效果如图 4-70 所示。

 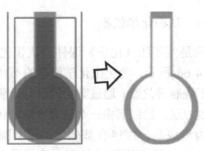

图 4-69　缩小图形　　　　　　　图 4-70　制作空烧瓶

> **制作瓶中液体**
>
> 裁切操作可用上面的图形删除下面图形的某些部分,利用"裁切"操作制作出玻璃烧瓶中液体的效果。

1. **绘制圆形**　选择椭圆工具,并选择蓝色填充色,按住 Shift 键,拖动鼠标绘制圆形。
2. **绘制矩形**　选择矩形工具,并选择黄色填充色,按住 Shift 键,拖动鼠标绘制正方形。
3. **制作烧瓶中的液体**　同时选中 2 个对象,选择"修改"→"合并对象"→"裁切"命令,效果如图 4-71 所示。
4. **移动对象**　将空烧瓶与烧瓶中的液体调整好大小和位置,效果如图 4-72 所示。

图 4-71　制作烧瓶中的液体　　　　　图 4-72　绘制好的烧瓶图形

5. **保存文件**　以"认识化学仪器(终).fla"为名保存文件。

(1) 新建文件,使用联合、打孔、裁切等命令绘制图形,效果如图 4-73 所示。
(2) 新建文件,使用联合、打孔、裁切等命令绘制图形,效果如图 4-74 所示。

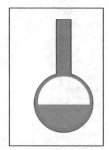　　　　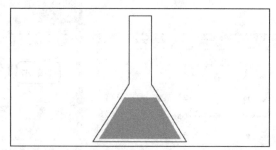

图 4-73　制作烧瓶效果　　　　　图 4-74　制作三角烧瓶效果

4.4　编组与分离对象

Flash 编组对象操作包括对图形对象的组合和分离两种操作。组合后的对象可以同时被移动、复制、缩放等。"分离"命令与"组合"命令的作用正好相反,它可以将已有的整体图形分离为可以进行编辑的矢量图形块,使用户可以对其再进行编辑。

4.4.1 创建对象组

将多个对象编组为一个整体,可以很方便地进行移动、复制、变形、旋转等操作。编组后的每个对象还能保持自己的属性及与其他对象的关系,如果要编辑组合中的某个对象,也可以在取消组合后再进行单个编辑。不仅是对象与对象之间可以编组,组与组之间也可以编组,一个组包含另一个组,就称之为"嵌套"。

实例 10 认识时钟

在第 3 章实例 2 中排列好的时钟,是由多个对象组成的,并非一个整体,如果要做移动、复制、变形等操作比较麻烦,在本例中将学习如何将多个对象编组成一个对象,如图 4-75 所示。

图 4-75 课件"认识钟表"效果图

 跟我学

1. **打开文件** 运行 Flash 软件,打开"认识钟表(初).fla"文件。
2. **添加对象** 依次将"库"面板中的元件拖到舞台上。
3. **修改大小与位置** 调整各对象的大小与位置,组合成时钟,效果如图 4-76 所示。
4. **创建对象组** 按图 4-77 所示操作,创建一个对象组,使时钟为一个整体。

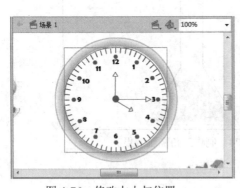

图 4-76 修改大小与位置

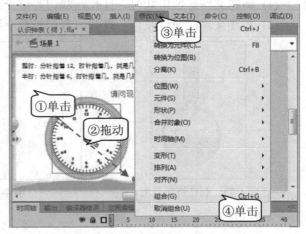

图 4-77 创建对象组

5. **保存文件** 以"认识钟表(终).fla"为名保存文件。

4.4.2 编辑对象组

组合后的对象可以作为一个整体移动、复制、变形,也可以编辑对象组中的单个对象,具体操作如下。

实例 11 What time is it

本例是对应小学四年级《英语》课件"What time is it"的一个画面,如图 4-78 所示。通过本实例的学习,掌握对象组的相关编辑操作,如复制、旋转等。

图 4-78 "What time is it"课件效果图

打开文件,将对象组合成一个整体后,复制到其他文件,双击对象组,可以进入重新编辑。

 跟我学

创建对象组

将一个个对象,组合成一个整体后,方便移动、修改大小,以及应用到其他课件中。

1. **选中对象** 打开"创建对象组.fla"文件,选中组成时钟的所有对象,每个对象都显示蓝色边框。
2. **创建对象组** 选择"修改"→"组合"命令(或按 Ctrl+G 键),即创建了一个对象组。

 编组的对象可以是形状、分离的位图或组等。如果想将对象组重新转换为单个的对象,可以选中该对象组,再选择"修改"→"取消组合"命令即可,或按 Ctrl+Shift+G 快捷键。

复制对象组

将组合后的时钟对象组作为一个整体复制到小学四年级《英语》的课件中,并适当缩小。

1. **复制对象** 选中时钟对象组,选择"编辑"→"复制"命令,复制对象组。
2. **粘贴对象** 打开半成品课件"What time is it (初).fla"文件,选择"编辑"→"粘贴到中心位置"命令,将时钟组合粘贴到舞台上,效果如图 4-79 所示。
3. **缩小对象** 选中时钟对象组,按图 4-80 所示操作,按住 Shift 键,同时拖动鼠标缩放至合适大小。

图 4-79　粘贴对象

图 4-80　缩小对象

编辑对象组

对象组中单个对象也可以进行编辑，调整时钟对象组中的时针和分针的角度，根据要求设定好时间。

1. **打开项目组**　单击"选择"按钮 ，双击时钟对象组，选择"编辑"→"编辑所选项目"命令，如图 4-81 所示。

图 4-81　打开所选项目

 此时舞台上的其他非对象组元素会变成半透明状，表示无法编辑。只有属于时钟组的对象显示正常，处于可编辑状态。

2. **旋转分针**　按图 4-82 所示操作，选择"任意变形"工具，当鼠标指针变成 形状时，旋转调整分针的位置。

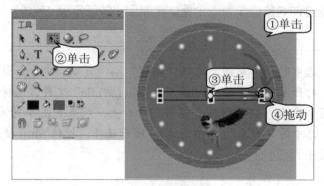

图 4-82　旋转分针

3. **旋转时针**　用上面同样的方法,调整时针的位置,效果如图 4-83 所示。

4. **返回主场景**　编辑完成后,双击舞台上其他区域,或是单击 按钮,返回主场景。

5. **添加标题**　在当前图层的上方添加一个新图层,命名为"标题",输入"What time is it",并设置为"Rockwell Extra Bold,22,白色"。

6. **保存文件**　以"What time is it(终).fla"为名保存文件。

图 4-83　旋转时针

创新园

(1) 打开"小黄花.fla"文件,编辑"花朵"组,将其中的部分花换成其他颜色,效果如图 4-84 所示。

(2) 打开"田野.fla"文件,将"蘑菇"组复制三份,并修改颜色,效果如图 4-85 所示。

图 4-84　修改花的颜色

图 4-85　修改蘑菇颜色

4.4.3　分离对象组

分离对象,即分离组件,使用"分离"命令可以将组、文本、图像、元件、实例等从外部嵌入的对象转换成可以编辑的对象。

实例 12　风筝

本例制作的是人教版小学三年级《语文》上册"风筝"中课件的封面,效果如图 4-86 所示。通过本实例的学习,掌握图像与文字的分离操作方法。

图 4-86　"风筝"课件效果图

使用"修改"→"打散"命令(或按 Ctrl+B 键)可分离图像与文字,分离后的图像与文字,可以使用工具重新编辑。

 跟我学

> **分离位图**
>
> 选中位图对象,再使用"编辑"→"分离"命令,可以分离位图,然后使用工具删除选中的背景。

1. **打开文件** 运行 Flash 软件,打开"风筝(初).fla"文件。
2. **修改图层名称** 在"作者"图层上新建图层,按图 4-87 所示操作,修改图层的名称为"风筝"。
3. **添加图像** 选中"风筝"图层的第 1 个关键帧,打开"库"面板,将图像"风筝"拖到舞台上。
4. **分离图像** 按图 4-88 所示操作,将图像分离。

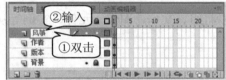

图 4-87　修改图层名称　　　　　　　　图 4-88　分离图像

 分离可选择"修改"→"分离"命令,也可以右击对象,在快捷菜单中选择命令,或者使用 Ctrl+B 组合键。

5. **删除白色背景** 按图 4-89 所示操作,删除白色背景。
6. **修改大小** 选择风筝图形,单击工具栏上的"任意变形工具"按钮,修改大小,并拖到合适位置。

图 4-89　删除白色背景

分离文字

对文字图层进行两次分离操作，将文字对象打散，转换成轮廓，便于制作出特殊效果的文字。

1. **新建图层**　在"风筝"图层上新建一个图层，命名为"标题"。
2. **输入标题**　选中"标题"图层中的第 1 个关键帧，使用工具栏上的"文本工具"按钮 T，在舞台上输入文本"风筝"。
3. **设置标题格式**　选中文本"风筝"，按图 4-90 所示操作，设置标题的格式为"汉仪大黑简，120 点，黄色"。
4. **分离文字**　选中文字，选择"修改"→"分离"命令，执行 2 次后，将文字打散为形状轮廓，效果如图 4-91 所示。

图 4-90　设置标题格式

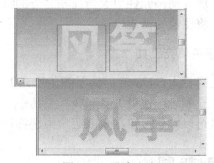

图 4-91　分离文字

当一个对象包含多个整体对象或是经过多次组合时，需要执行多次分离操作，才能完全分离成点状。

5. **颜色描边** 按图 4-92 所示操作，选择工具栏上的"墨水瓶工具"按钮，用蓝色给标题文字描边。

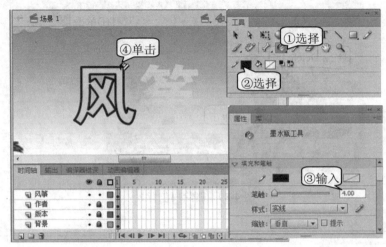

图 4-92 颜色描边

6. **保存文件** 以"风筝(终).fla"为名保存文件。

知识库

1. "分离"操作对对象产生的影响

尽管可以在分离对象后立即选择"编辑"→"撤销"命令，但是分离操作不是完全可逆的，它会对对象产生以下影响。

- 对文本进行分离时，会将每个字符分离成单独的文本块。
- 对单个文本字符分离时，会将字符转换成轮廓。
- 切断元件与实例到其主元件的链接。
- 放弃动画元件中除当前帧之外的帧。
- 将图像转换成填充。

2. 颜色填充工具

在工具栏上，Flash 提供了颜色填充工具，使用"颜料桶"工具，可以为图形填充选择的填充颜色；使用"墨水瓶"工具，可以用选择的颜色，为图形填充笔触颜色，这两个工具可以按住按钮在弹出菜单中选择切换。

(1) 打开"My family.fla"文件，将家庭图像打散，并去除背景，效果如图 4-93 所示。
(2) 打开"数星星的孩子.fla"文件，为标题添加描边，效果如图 4-94 所示。

图 4-93 "My family"课件封面效果图　　图 4-94 "数星星的孩子"课件封面效果图

4.5 小结和习题

4.5.1 本章小结

本章从介绍 Flash 中对象的基本操作开始，由浅入深地详细讲解了对象的选择、移动、复制和删除操作，还着重讲解了对象的编组、合并、变形，以及排列和对齐的操作方法及技巧，具体包括以下主要内容。

- 排列与对齐对象：结合实例，主要介绍了精确对齐、排列对象的操作方法。
- 变形对象：通过美术课件的制作，介绍了最基本的缩放、旋转和倾斜、翻转、扭曲、封套对象的操作方法。
- 合并对象：通过绘制化学仪器，介绍了利用对象的联合、交集、打孔、裁切等操作实现复杂图形的制作方法。
- 编组与分离对象：主要介绍了创建对象、编辑对象及分离对象组的操作方法，还讲解了取消组合与分离的不同之处。

4.5.2 强化练习

1. 选择题

(1) 使用工具箱中的(　　)工具可以对文本块进行变形操作，就像对其他对象进行变形一样。

　　A. 颜色　　　　B. 任意变形　　　　C. 查看　　　D. 填充变形

(2) 在移动对象时，在按方向键的同时按住 Shift 键可大幅度移动对象，每次移动距离为(　　)。

　　A. 1 像素　　　B. 8 像素　　　　C. 10 像素　　　D. 20 像素

(3) 在对有很多字符的文本进行分离后(　　)。

　　A. 每个文本块中只包含 1 个字符　　　B. 每个文本块中只包含 2 个字符
　　C. 每个文本块中只包含 3 个字符　　　D. 每个文本块中只包含 4 个字符

(4) 用来选择不规则区域的工具是（　　）。
　　A. 套索工具　　　B. 选项工具　　　C. 选择工具　　　D. 钢笔工具
(5) 在 Flash 中，以下复制对象的方法有误的是（　　）。
　　A. 在舞台上选中对象之后按住 Shift 键直接拖动
　　B. 右键选择"复制"和"粘贴"命令
　　C. 选中对象，按 Ctrl+D 键复制
　　D. 选择"编辑"→"复制"命令和"粘贴到中心位置"命令
(6) 以下不属于分离操作对被分离的对象造成的后果的是（　　）。
　　A. 切断元件的实例和元件之间的关系
　　B. 如果分离的是动画元件，则只保留当前帧
　　C. 将图像转换为填充对象
　　D. 将图像转换为矢量图形

2. 判断题

(1) 在 Flash 中，使用 Ctrl+G 快捷键，可分离选中的图形对象。（　　）
(2) 选中两个图形对象后，使用"对齐"面板中的"匹配宽度"按钮，可使两个图形对象变得一样宽。（　　）
(3) 在其他工具被激活时，按 Ctrl 键即可暂时切换到"选择"工具。（　　）
(4) 打开"对齐"工具栏的方法是选择"窗口"→"对齐"命令。（　　）
(5) 群组对象功能可以将一些对象组合成一个整体，以后对这个整体的操作就像是对单个对象一样简单。（　　）

第 5 章

制作课件动画效果

动画在课件中经常要用到,它能将一些抽象的原理、难以说清的现象和道理,以动画的效果直观清晰地表现出来,有效地帮助学生理解课堂教学中的重难点。使用 Flash 软件可以制作"逐帧动画""运动补间动画""形状补间动画""引导动画"和"遮罩动画"等几种常见动画,复杂的课件也由这几种动画组成。

本章内容
- 制作逐帧动画
- 制作补间动画
- 制作引导和遮罩动画

5.1 制作逐帧动画

在课件制作过程中，经常有需要逐步呈现或者表现细腻的动画，如课件中解说文字的打字效果、人物的动作或者火焰燃烧等动画。这些效果可以使用逐帧动画来完成，其原理是在"连续的关键帧"中分解动画动作。逐帧动画具有非常大的灵活性，几乎可以表现任何想表现的内容。

5.1.1 文字逐帧动画

利用Flash中的逐帧动画，可以让文字逐个以打字的形式显示出来，此类动画可用于增强课件中文字显示的动感效果。

实例1 做功

本例制作是《物理》学科"机械功"课件中的文字显示动画，如图5-1所示，要制作的效果是，在两个木箱推动的过程中，将"功"定义的文字逐个在舞台上显示出来。

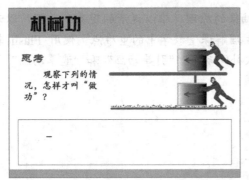 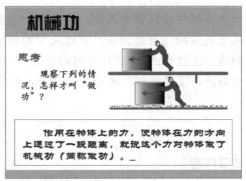

图5-1 课件"做功"效果图

在课件半成品的基础上添加图层，先制作好课件背景中所要用到的图片和图形，然后再制作文字逐个显示的逐帧动画，最后添加声音效果。

 跟我学

制作"背景"图层

"背景"图层包括标题文字、思考题文字和一个图形对象，制作时可以利用"文本"工具制作文字，并从"库"面板中拖动元件"水平面"到舞台。

1. **输入标题** 打开半成品课件"做功.fla"，按图5-2所示操作，输入标题文字并设置字体格式。

第 5 章 制作课件动画效果

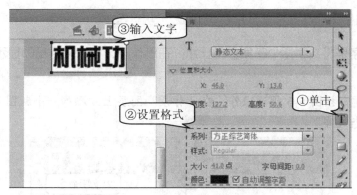

图 5-2 输入标题并设置格式

2. **输入思考题** 继续在舞台中输入思考题相关文字，参照图 5-3，设置文字格式。

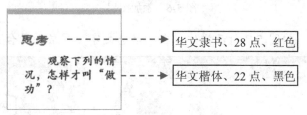

图 5-3 输入思考题并设置格式

3. **拖动"水平面"元件** 按图 5-4 所示操作，将"库"面板中的元件"水平面"拖到舞台适当位置。

图 5-4 拖动"水平面"元件

4. **拖动"做功"元件** 按图 5-5 所示操作，将"库"面板中的元件"做功"拖到舞台，效果如图 5-5 所示。

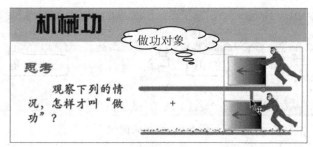

图 5-5 拖动"做功"元件

制作动态文字

动态文字是将文字逐个在舞台上显示,在制作时,可以采用每帧显示一个文字。

1. **添加图层** 按图 5-6 所示操作,在"背景"图层上方添加一个新图层,并重新命名为"动态文字"。

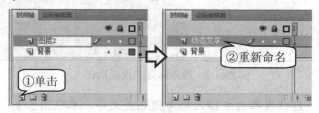

图 5-6 添加图层

2. **添加文本框** 按图 5-7 所示操作,在"动态文字"图层的舞台上绘制一个文本框。

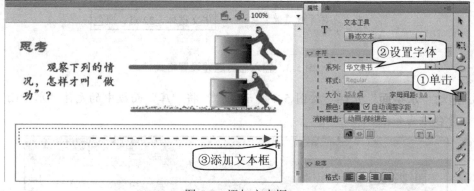

图 5-7 添加文本框

3. **添加空格和下划线** 按图 5-8 所示操作,在文本框内添加两个空格,然后再输入一条下划线。

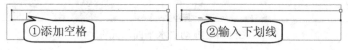

图 5-8 添加空格和下划线

4. **添加关键帧** 按图 5-9 所示操作,在"动态文字"图层的第 2 帧添加一个关键帧。

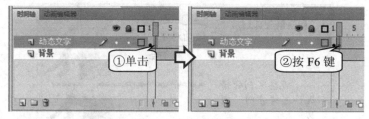

图 5-9 添加关键帧

5. **输入第 1 个字** 按图 5-10 所示操作，在下划线的前面输入第 1 个字"作"。
6. **输入第 2 个字** 在"动态文字"图层的第 3 帧添加一个关键帧，并在下划线"_"的前面输入第 2 个字"用"。
7. **输入其他字** 重复步骤 6，每添加一个关键帧，在下划线"_"的前面添加一个汉字或者标点符号，最终时间轴和舞台效果如图 5-11 所示。

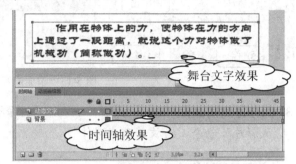

图 5-10　输入文字　　　　　　　图 5-11　输入其他文字

8. **添加代码** 按图 5-12 所示操作，在"动态文字"图层的最后一帧添加停止代码"stop( );"。

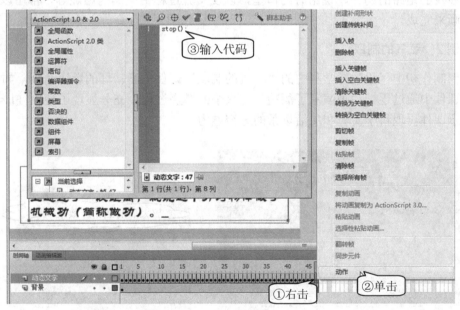

图 5-12　添加代码

制作"声音"图层

在"声音"图层添加一些声音效果，让动态文字在出现时配上打字的声音，这样会使课件更生动。

1. **添加图层** 在"动态文字"图层上方添加一个新图层，并重新命名为"声音"。
2. **添加声音** 单击"声音"图层的第 1 帧，按图 5-13 所示操作，给图层添加声音效果,并设置声音属性。

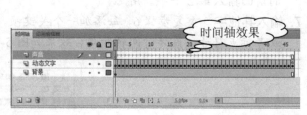

图 5-13 添加声音

3. **保存并测试课件** 选择"文件"→"保存"命令,保存课件,再选择"控制"→"测试影片"命令,播放并测试课件。

5.1.2 图形逐帧动画

Flash 还可以制作出图形逐帧动画,图形逐帧动画具有非常大的灵活性,在课件制作过程中,涉及的走路的动作、说话时的口型,以及实验过程中火焰的燃烧等,都可以用图形逐帧动画来完成。

实例2 氧气的制取

本例制作初中《化学》学科中的"氧气的制取"课件中酒精灯的燃烧动画,如图 5-14 所示。课件中通过逐帧动画演示了酒精灯上火焰的燃烧过程,充分显现了使用 Flash 动画模拟演示课件再现科学实验和生活场景的无穷魅力。

图 5-14 课件"氧气的制取"效果图

课件主要是制作酒精灯燃烧的火焰,火焰包括外焰、中焰和内焰。利用逐帧动画制作技术完成火焰的燃烧动画。课件其他素材从"库"面板拖到舞台直接使用即可。

第 5 章 制作课件动画效果

跟我学

制作"火焰"

> 运用"铅笔"工具先绘制第 1 帧"火焰",重复插入其他关键帧,分别调节每个关键帧上的"火焰"图形,形成逐帧动画效果。

1. **新建影片剪辑** 打开半成品课件"氧气的制取.fla",选择"插入"→"新建元件"命令,按图 5-15 所示操作,新建一个名为"火焰"的影片剪辑。

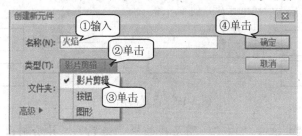

图 5-15 新建影片剪辑

2. **添加图层** 在"图层 1"上方添加"图层 2"和"图层 3",并分别命名为"外焰""内焰"和"焰心",图层效果如图 5-16 所示。

3. **设置外焰颜色** 打开"颜色"面板,按图 5-17 所示操作,设置笔触色和填充色。

图 5-16 图层效果

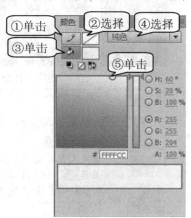

图 5-17 设置外焰颜色

4. **绘制外焰** 单击"外焰"图层,在舞台绘制图形,效果如图 5-18 所示。

5. **添加普通帧** 单击"外焰"图层的第 30 帧,按 F5 键添加普通帧,延长时间轴。

6. **设置内焰颜色** 按图 5-19 所示操作,在"颜色"面板中,设置笔触色为"无",填充色为"径向渐变"。

图 5-18 外焰效果

113

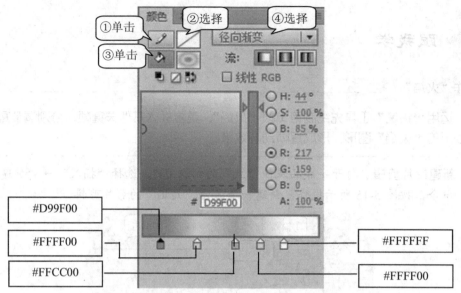

图 5-19　设置内焰颜色

7. 绘制火焰形状　选中"内焰"图层,选择"铅笔"工具绘制出火焰形状,使用"渐变变形"工具调整填充色使其逼真,绘制步骤如图 5-20 所示。

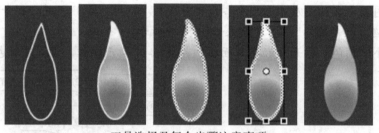

工具选择及每个步骤注意事项

工具	步骤及注意事项
	绘制轮廓:为了能看清绘制效果,可以将笔触设为白色,选择平滑 S 效果。
	填充火焰:若绘制的不是封闭图形,则可以选择缝隙大小工具,填充时反复调试,调整到最佳填充效果。
	删除轮廓:单击选中火焰边线,按 Delete 键删除白色轮廓线条。
	调整火焰:使用任意变形工具,拖曳图形边缘,直到满意为止。

图 5-20　绘制火焰的步骤

 绘制"内焰"图层图形时,为了防止误操作,无意中改变了绘制好的"外焰",可以单击"锁定图层"按钮,将"外焰"图层锁定。

8. **插入关键帧** 分别在"内焰"图层第 1 帧、第 5 帧、第 10 帧、第 15 帧、第 20 帧和第 25 帧,按 F6 键插入关键帧,图层效果如图 5-21 所示。

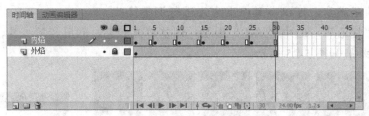

图 5-21 插入多个关键帧

"内焰"的 6 个关键帧,就构成了一个逐帧动画。由于这些关键帧的图形都一样,并不能形成火焰燃烧的效果,需要修改每个关键帧。

9. **打开"绘图纸外观"** 按图 5-22 所示操作,选中第 1 帧,打开"绘图纸外观"。拖动"起始绘图纸外观"和"结束绘图纸外观"标记的指针至第 1 和第 5 帧之间。

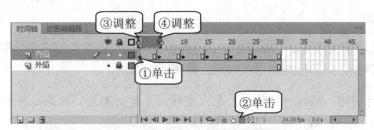

图 5-22 调整"绘图纸外观"

此时舞台上显示出两帧形状,其中第 5 帧图形显示在前,第 1 帧图形以暗色调显示在后,因为形状重叠,所以只能看到第 2 帧上的图形。

10. **修改第 5 帧火焰** 选中第 5 帧图形,按图 5-23 所示操作,选择"任意变形"工具中的"封套"工具,调整节点修改火焰的形状,然后用"渐变变形"工具修改填充色的中心和大小。

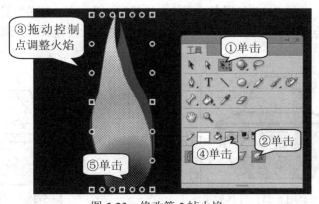

图 5-23 修改第 5 帧火焰

11. **完成其他火焰**　按同样的方法，编辑关键帧上的形状，效果如图 5-24 所示。
12. **测试火焰动画**　选择"控制"→"测试场景"命令，观察逐帧动画效果，如果对某一帧不满意，可以参考以上方法进行调整修改。
13. **绘制"焰心"**　选中"焰心"图层，调整填充颜色，利用铅笔工具，绘制一个"焰心"，效果如图 5-25 所示。

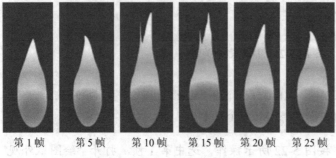

图 5-24　各帧上火焰的形状效果　　　　　图 5-25　焰心效果

制作"酒精灯"

"酒精灯"包括火焰、灯体和灯芯，在绘制灯体时可以先绘制多个矩形，然后再将矩形调整成梯形。灯芯的绘制可以铅笔工具完成。

1. **创建影片剪辑**　插入"酒精灯"影片剪辑，并建好图层，效果如图 5-26 所示。

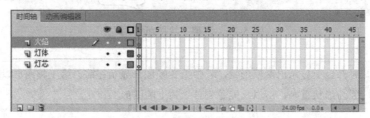

图 5-26　"酒精灯"图层效果

2. **绘制"灯体"**　单击"灯体"图层第 1 帧，在舞台中央绘制图形，图形属性和效果如图 5-27 所示。
3. **绘制灯芯**　锁定"灯体"图层，选择"铅笔"工具，在"灯芯"图层绘制出灯芯形状，选择颜色为"#666666"，用"颜料桶"工具填充灯芯内部，效果如图 5-28 所示。

图 5-27　灯体效果　　　　　　　图 5-28　灯芯效果

"颜料桶"工具填充只能填充相对封闭的图形,所以在利用铅笔绘制灯芯时,首尾相接,两端不留缝隙。

4. **完成"酒精灯"制作** 按图5-29所示操作,将"火焰"元件从"库"面板拖到舞台适当位置。

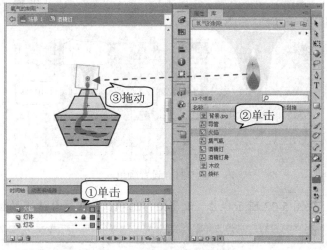

图 5-29 拖动元件到舞台

5. **返回主场景** 单击 场景1 按钮,返回主场景。

制作"背景"图层

该课件的"背景"图层内容包括背景图片、标题文字和化学反应式,为了简化操作,这里的化学反应式采用图片方式存储在"库"面板中。

1. **重命名图层** 将"图层1"重命名为"背景"。
2. **拖动图片到舞台** 按图5-30所示操作,从"库"面板中拖动"背景"图片到舞台,并设置图片的大小和位置。

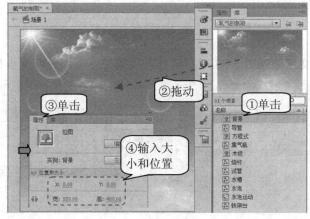

图 5-30 拖动背景

3. **设置矩形颜色** 按图5-31所示操作，选择"矩形"工具，并设置矩形的笔触和填充效果。

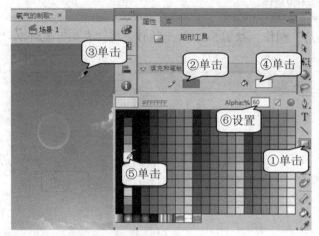

图5-31 设置颜色

4. **绘制矩形** 按图5-32所示操作，设置矩形选项，并在舞台适当的位置绘制一个矩形。

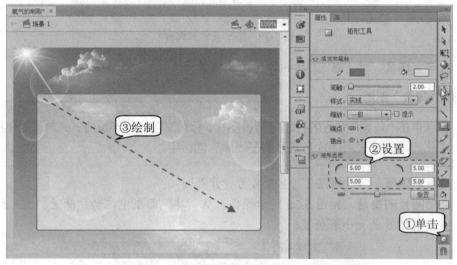

图5-32 绘制矩形

5. **添加标题文字** 按图5-33所示操作，设置字体格式并在舞台输入标题文字。

图5-33 添加标题

6. 设置标题滤镜　按图 5-34 所示操作，设置标题文字滤镜效果。

图 5-34　设置标题滤镜

> **布置"内容"**
>
> 在场景 1 中添加"内容"图层，然后再从"库"面板上拖动所有需要的元件到舞台，调整位置组合成完整的课件。

1. **添加图层**　在"背景"图层上方添加一个图层，并命名为"内容"。
2. **添加元件**　从"库"面板中拖出元件至"内容"图层，元件名称如图 5-35 所示。

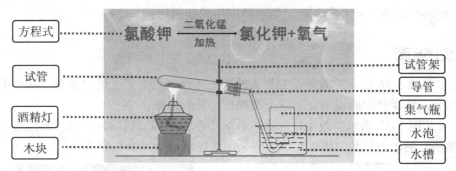

图 5-35　添加元件

3. **测试动画**　选择"控制"→"测试影片"命令，测试动画，可以看到"蜡烛燃烧"课件的动画效果。

　　利用元件嵌套功能创建的动画，直接拖动"播放头"是看不到动画效果的，必须要通过影片测试才能查看，按 Ctrl+Enter 键可以测试整个影片。

4. **保存课件**　根据测试影片查看的效果，对课件进行调试并保存。

 知识库

1. **"绘图纸外观"功能**

通常情况下，Flash 在舞台中一次只显示动画序列一个帧的内容。使用"绘图纸外观"功能可以在舞台中一次查看多个帧。

选择"绘图纸外观"功能后,时间轴标题中出现了一对带有圆形的括号,即"起始绘图纸外观"和"结束绘图纸外观"标记,拖动它们可以改变包含"绘图纸外观"的范围。
- 总是显示标记:会在时间轴标题中显示"绘图纸外观"标记,而不管"绘图纸外观"是否打开。
- 锚定绘图纸外观:会将"绘图纸外观"标记锁定于它们在时间轴标题中的当前位置。
- 绘图纸 2:用于在当前帧的两边显示 2 个帧。
- 绘图纸 5:用于在当前帧的两边显示 5 个帧。
- 绘制全部:用于在当前帧的两边显示所有帧。

2. 导入逐帧动画

逐帧动画是一种常见的动画形式,需要更改每一帧中的舞台内容,使每一帧中的图像都有所变化。在 Flash CS6 中,导入逐帧动画的方法有以下 3 种。
- 导入静态图片:分别在每帧中导入静态图片,建立逐帧动画,静态图片的格式可以是 JPG、PNG 等。
- 导入序列图像:直接导入 GIF 格式的序列图像,该格式的图像中包含了多个帧,导入 Flash 中后,将会把动画的每一帧自动分配到每一个关键帧中。
- 导入 SWF 格式的动画:直接导入已经制作完成的 SWF 格式的动画,同样可以创建逐帧动画,或者导入第三方软件产生的动画序列。

创新园

(1) 参照图 5-36 所示的效果,制作人教版七年级《语文》上册"少年正是读书时"课件的一部分,将课件中的说明文字逐个在舞台上显示出来。

(2) 参照图 5-37 所示的效果,制作苏教版小学六年级《科学》上册"蜡烛的变化"中"蜡烛燃烧"的动画,其中蜡烛燃烧火焰采用逐帧动画技术制作完成。

图 5-36 课件"少年正是读书时"效果图

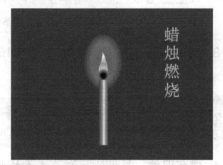

图 5-37 课件"蜡烛燃烧"效果图

5.2 制作补间动画

补间动画是整个 Flash 动画设计的核心,也是 Flash 动画的最大优点。Flash 提供的补间特效,透过各种各样的手法,将课件中的动画表现得淋漓尽致。Flash 补间动画通常分为运动补间和形状补间两种形式,可以实现课件中需要物体的运动和形状发生变化的动画。

5.2.1 运动补间动画

运动补间动画是指制作好若干关键帧的画面,由 Flash 自动生成中间各帧,使得画面从一个关键帧渐变到另一个关键帧的动画。在渐变动画中,Flash 存储的仅仅是帧之间的改变值,中间的动画由计算机自动处理。

实例 3　运动和静止的相对性

本例制作初中《物理》学科"运动和静止的相对性"课件中的游船运动动画,如图 5-38 所示。该课件中一只小船在水面上从左侧运动到右侧,船上两人相对是静止的,而船与岸边的树则相对是运动的,进而描述运动和静止的相对性。

图 5-38　课件"运动和静止的相对性"效果图

本例在课件半成品的基础上制作,先添加好"游船"并制作好动画,然后再添加"文字内容"图层,并输入对动画的解说文字。

 跟我学

> 制作"游船"图层
>
> "游船"图层是一个运动渐变动画图层,先将对象拖到舞台右侧,然后在最后一帧添加关键帧,并将对象拖到最右侧,制作动画。

1. **新建图层**　打开半成品课件"运动和静止的相对性.fla",在"背景"图层上方添加一个新图层,命名为"游船"。
2. **导入素材**　选择"文件"→"导入"→"导入到库"命令,按图5-39所示操作,将素材"小船.swf"导入"库"面板中。

图 5-39　导入素材

3. **拖动元件 1**　单击"游船"图层的第 1 帧,按图 5-40 所示操作,将元件"小船.swf"拖到舞台的左侧。

图 5-40　拖动元件到舞台

4. **拖动元件 2**　按步骤 3 的方法操作,再拖动一个小船到舞台左侧,位置如图 5-41 所示。
5. **翻转对象**　选中下面的小船,选择"修改"→"变形"→"垂直翻转"命令,将小船翻转过来,作为上面小船的倒影,效果如图 5-42 所示。

　　　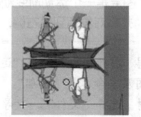

图 5-41　小船位置　　　　　图 5-42　翻转后的对象效果

6. **设置透明效果**　按图 5-43 所示操作,设置下面小船的透明效果 Alpha 的值为 20%。

第 5 章 制作课件动画效果

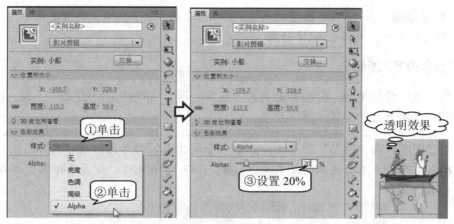

图 5-43 设置透明效果

7. **选中对象** 按图 5-44 所示操作，同时选中两个小船。
8. **组合对象** 选择"修改"→"组合"命令，将小船和倒影组合成一个整体，效果如图 5-45 所示。

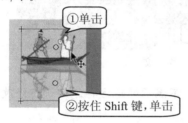 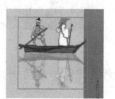

图 5-44 选中小船　　　　　　　图 5-45 组合小船

 要制作运动渐变动画，舞台上必须是一个对象，该对象可以是"库"面板中拖出来的对象，也可以是几个对象的组合体。

9. **制作最后一帧** 按图 5-46 所示操作，在"游船"图层的第 270 帧添加关键帧，并将舞台上的游船对象移到舞台最右侧。

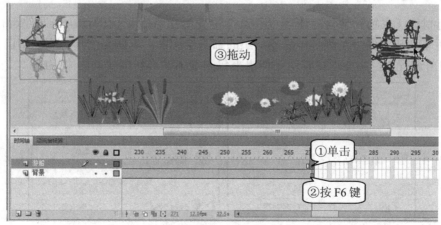

图 5-46 制作最后一帧

123

10. **创建动画** 在"游船"图层的第 1～270 帧之间右击,在弹出的快捷菜单中选择"创建传统补间"命令,创建动画。

> **制作"文字内容"图层**
>
> 先添加一个新图层,并重新命名为"文字内容",然后利用"文本"工具,在"文字内容"图层的舞台中输入解说文字。

1. **新建图层** 在"游船"图层上方添加一个新图层,命名为"文字内容"。
2. **输入文字** 单击"文本"工具 T,按图 5-47 所示操作,设置字体格式并在舞台中输入文字。

图 5-47 输入文字

3. **保存并测试课件** 保存并测试课件,不满意的地方再返回进行修改。

5.2.2 形状补间动画

形状补间动画是指舞台上的对象由一种形状变化到另一种形状,两个关键帧之间的帧也是由 Flash 自动生成,使得画面从一个关键帧渐变到另一个关键帧的动画。

实例 4 变形虫

本例制作《生物》学科"变形虫"课件中变形虫吞噬细菌的动画,课件运行界面如图 5-48 所示。该课件中左侧是一只变形虫的细胞结构图,右侧是变形虫吞噬细菌的动画。在吞噬细菌过程中,由变形虫将伪足伸出来包围细菌的形状渐变动画来完成。

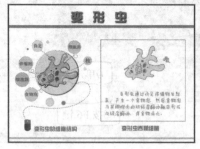 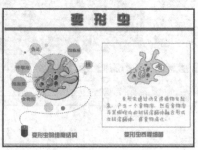

图 5-48 课件"变形虫"效果图

第 5 章 制作课件动画效果

本例在课件半成品的基础上制作,先制作好变形虫的"吞噬"动画,然后再将制作好的影片剪辑"吞噬"和其他元件添加到舞台。

 跟我学

> **制作"吞噬"动画**
>
> 新建一个影片剪辑,在影片剪辑内部制作变形虫吞噬细菌的形状渐变动画,其中的变形虫需要用铅笔工具绘制。

1. **新建影片剪辑** 打开半成品课件"变形虫.fla",插入一个"吞噬"影片剪辑,新建一个图层,并对图层进行命名,效果如图 5-49 所示。

2. **绘制变形虫** 单击"变形虫"图层,选择"铅笔"工具,选择不同的颜色在舞台绘制一个变形虫,效果如图 5-50 所示。

图 5-49 影片剪辑图层效果

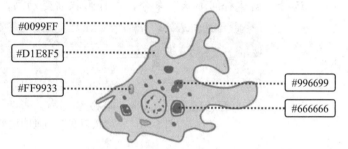

图 5-50 变形虫效果

3. **添加关键帧** 在"变形虫"图层的第 20 帧右击,在弹出的快捷菜单中选择"插入关键帧"命令。

4. **显示锚点** 选择"部分选取"工具,单击变形虫边框,显示如图 5-51 所示的"锚点"。

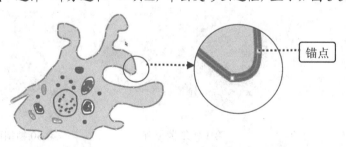

图 5-51 图形锚点

5. **调整形状** 按图 5-52 所示操作,拖动锚点和锚点路径,调整变形虫的形状。

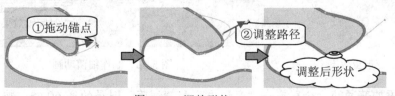

图 5-52 调整形状

变形虫形状的细微调整，还可以利用"选择"工具，将光标停留在曲线上，当光标变成 或者 形状时，可以调整曲线的形状。

6. **继续调整形状** 继续调整变形虫的形状，变形虫伪足效果如图 5-53 所示。

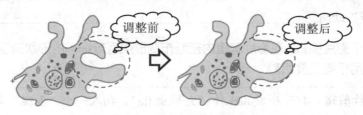

图 5-53 变形虫伪足形状

7. **制作动画** 在"变形虫"图层的第 1 帧与第 20 帧之间右击，在弹出的快捷菜单中选择"创建补间形状"命令，制作形状渐变动画，图层效果如图 5-54 所示。

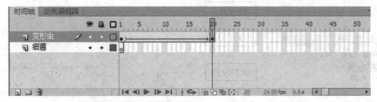

图 5-54 "形状渐变"动画图层效果

8. **继续制作动画** 在"变形虫"图层第 40 帧添加关键帧，将变形虫调整成如图 5-55 所示形状，并创建第 20 帧至第 40 帧之间的形状补间动画。

9. **制作细菌动画** 选择"细菌"图层，从"库"面板中拖动"细菌"元件到舞台，制作从第 1 帧到第 40 帧之间的传统补间动画，效果如图 5-56 所示。

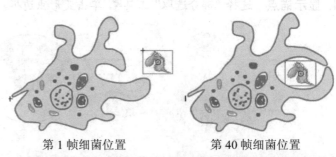

图 5-55 变形虫效果

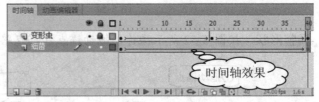

图 5-56 制作细菌动画

10. **添加普通帧** 分别单击"变形虫"和"细菌"图层的第 60 帧，按 F5 键添加普通帧、动画的显示时间。

11. **返回场景1** 单击 场景1 按钮，返回"场景1"，并保存文件。

> **制作"内容"图层**
>
> "内容"图层舞台内容包括变形虫的细胞结构图和前面制作的"吞噬"动画。将这些元件从库面板拖到舞台，然后添加说明文字。

1. **添加图层** 在"背景"图层上方添加一个新图层，命名为"内容"。
2. **添加元件** 从"库"面板中分别拖动元件"变形虫"和"吞噬"到舞台适当位置，效果如图5-57所示。
3. **绘制矩形边框** 单击"矩形"工具，按图5-58所示操作，设置颜色并在舞台绘制一个矩形框。

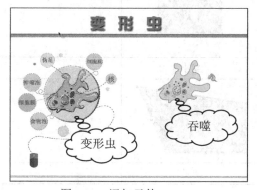

图5-57 添加元件

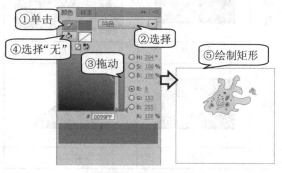

图5-58 绘制矩形

4. **添加文字** 单击"文本"工具，设置文字格式并在舞台输入文字内容，效果如图5-59所示。

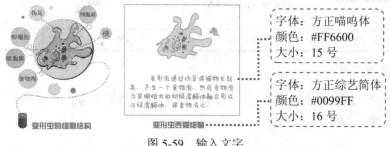

字体：方正喵呜体
颜色：#FF6600
大小：15号

字体：方正综艺简体
颜色：#0099FF
大小：16号

图5-59 输入文字

5. **保存并测试课件** 根据测试影片查看的效果，对课件进行调试并保存。

 **知识库**

1. 任意变形工具

先选择舞台上需要变形的对象，再单击工具箱中的"任意变形"工具，在工具箱下方会显示"旋转与倾斜"工具 ↻、"缩放"工具 ⧉、"扭曲"工具 ⌐ 和"封套"工具 ⌂ 4 个选项。选择其中一个选项，即可对对象进行相应的变形，各选项的变化效果如表 5-1 所示。

表 5-1　"任意变形"工具各选项变化效果

旋转与倾斜				
	原始图	水平倾斜	垂直倾斜	旋转
缩放				
	原始图	放大	缩小	
扭曲				
	原始图	扭曲	扭曲	
封套				
	原始图	调整形状	调整形状	

2. 渐变变形工具

工具箱中的"渐变变形"工具 ⊟，能够对具有渐变效果对象的填充颜色进行调整，具体操作效果如表 5-2 所示。

表 5-2　"渐变变形"工具各选项变化效果

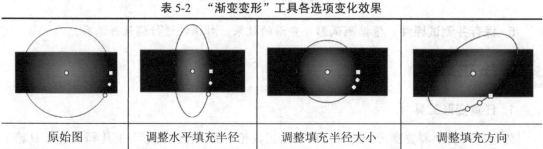

原始图	调整水平填充半径	调整填充半径大小	调整填充方向

创新园

(1) 参照图 5-60 所示的效果，制作初中《物理》学科"运动和静止的相对性"课件中的人物溜冰的运动动画。

(2) 参照图 5-61 所示的效果，制作初中《物理》学科"太阳能"课件中的太阳光线的运动动画。

图 5-60　课件"运动和静止的相对性"效果图

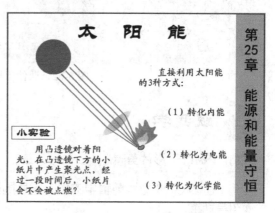

图 5-61　课件"太阳能"效果图

5.3　制作引导和遮罩动画

"引导动画"在课件制作过程中，可以实现物体沿曲线运动的效果，应用"遮罩动画"可以只显示物体或者动画的一部分，以实现类似"视窗"的效果。两种类型的动画可以让我们的课件呈现的效果更精彩。

5.3.1　制作引导动画

课件制作中，有时需要一种按自己设定的既定路线运动的动画，这时就可以利用 Flash 中的运动动画来实现。在 Flash 中添加一个引导图层，在该引导层中绘制出运动路线，把要运动的动画对象放到被引导层中，即可轻松完成各种按既定路线运动的动画。

实例 5　对周长的认识

本例制作小学《数学》学科"周长的认识"课件中的计算树叶周长的动画，课件运行界面如图 5-62 所示。该课件以一只蚂蚁围绕树叶爬行的引导动画，形象地说明了如何测量不规则物体的周长。

课件半成品中已经制作好"背景"图层，要完成整个作品的制作，需要先绘制几个规则的几何图形，然后再制作一个蚂蚁围绕树叶爬行的动画。

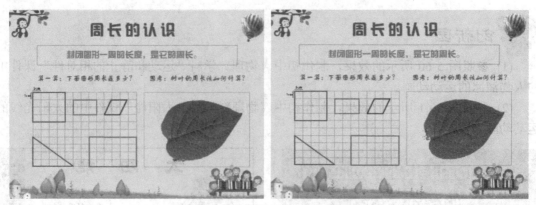

图 5-62 课件"周长的认识"效果图

跟我学

制作"树叶"影片剪辑

在"树叶"影片剪辑中的树叶图片周围绘制一条曲线,然后制作蚂蚁绕曲线运动的引导动画。

1. **新建影片剪辑** 打开半成品课件"周长的认识.fla",插入一个"树叶"影片剪辑,新建一个图层,并对图层进行命名,效果如图 5-63 所示。

2. **摆放元件** 分别在"蚂蚁"和"树叶"图层添加元件,效果如图 5-64 所示。

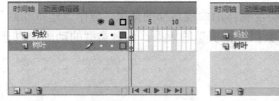

图 5-63 影片剪辑图层效果

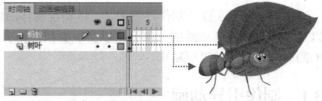

图 5-64 添加元件

3. **调整大小和位置** 选择"任意变形"工具 ,按图 5-65 所示操作,调整蚂蚁大小。

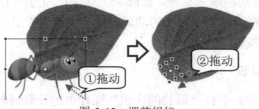

图 5-65 调整蚂蚁

4. **添加帧** 分别在"蚂蚁"图层和"树叶"图层的第 200 帧添加关键帧和普通帧。

5. **制作动画** 在"蚂蚁"图层的第 1 帧与第 200 帧之间右击,在弹出的快捷菜单中选择"创建传统补间"命令,完成动画制作。

6. **添加引导层** 按图 5-66 所示操作，在"蚂蚁"图层上方添加一个传统引导层。

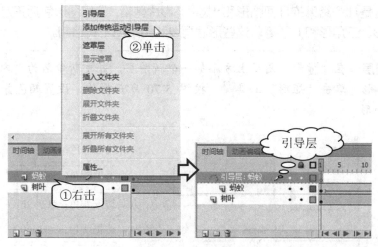

图 5-66 添加引导层

7. **绘制引导线** 单击"铅笔"工具，在引导层舞台上沿树叶绘制一条首尾不封闭的曲线，效果如图 5-67 所示。

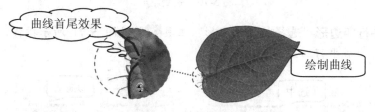

图 5-67 引导线效果

8. **调整蚂蚁开始位置** 单击"选中"工具，并选中"紧贴至对象"选项，按图 5-68 所示操作，拖动蚂蚁吸附到曲线的起始位置。

9. **调整蚂蚁结束位置** 单击"蚂蚁"图层第 200 帧，拖动蚂蚁吸附到曲线的终点，效果如图 5-69 所示。

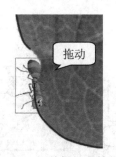 

图 5-68 调整蚂蚁开始位置　　　图 5-69 蚂蚁终点效果

10. **返回场景 1** 单击 场景1 按钮，返回"场景 1"，并保存文件。

> 制作"内容"图层
>
> 舞台上是几个常见的几何图形和"树叶"影片剪辑,几何图形包括正方形、长方形、平行四边形、三角形和 L 形等,这些形状可以利用绘图工具绘制。

1. **添加图层** 在"背景"图层上方添加一个新图层,并重新命名为"内容"。
2. **绘制矩形** 单击"矩形"工具,按图 5-70 所示操作,设置颜色并在舞台中绘制五个矩形。

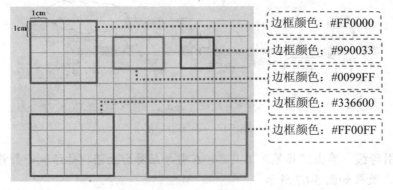

图 5-70 绘制矩形

3. **绘制平行四边形** 选择"任意变形"工具,按图 5-71 所示操作,调整正方形的形状,变成平行四边形。

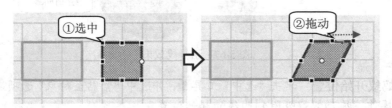

图 5-71 绘制平行四边形

4. **绘制三角形** 单击"直线"工具,选择相应的颜色,按图 5-72 所示操作,在矩形上添加一条斜线,并删除多余的线条。

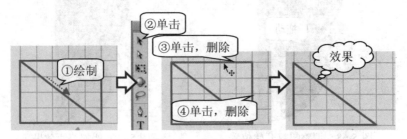

图 5-72 绘制三角形

5. **绘制 L 形** 选择"直线"工具,按图 5-73 所示操作,绘制 L 形。

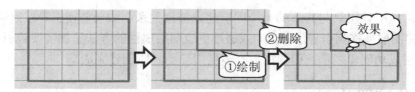

图 5-73 绘制 L 形

6. 拖动元件 从"库"面板中拖动"树叶"影片剪辑到舞台,效果如图 5-74 所示。

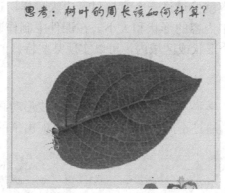

图 5-74 "树叶"元件效果

7. 保存动画 保存并测试课件,不满意的地方再返回进行修改。

 知识库

1. 引导层动画图层组成

一个最基本的引导线动画由两个图层组成,上面一层称为"引导层",其图层图标为 ;下面一层称为"被引导层",图层图标与普通图标一样为 。在普通图层上面创建引导层后,普通图层就会缩进成为被引导层。

引导层用来放置引导线,引导线也就是元件的运动路径,可以使用铅笔、线条、椭圆和画笔等绘图工具进行绘制。被引导层用来放置被引导的元件,当创建运动动画后,元件就会沿着引导线运动起来。

2. 引导线

Flash 中的引导线不能是封闭的曲线,要有起点和终点,起点和终点之间的线条必须是连续的、不间断的,可以是任何形状。引导线转折处的线条弯转不宜过急、过多,否则 Flash 无法准确判定对象的运动路径。在将"被引导层"中的运动对象拖放到运动路线的起点和终点位置时,一定要注意对象的中心圆点要吸附在起点和终点上,否则运动动画不能实现,而变成从起点到终点的直线运动动画。引导线在最终生成动画时是不可见的。

3. 多层引导动画

多层引导动画,就是利用一个引导层同时引导多个被引导层中的对象。一般情况下,创建引导层后，引导层只与其下的一个图层建立链接关系。如果要使引导层能够引导多个图层，可以将图层拖移到引导层下方，或通过更改图层属性的方法添加需要被引导的图层。为一个引导层成功创建多个被引导层后，多层引导动画即创建完成。

5.3.2 制作遮罩动画

遮罩动画是利用特殊的图层——遮罩层来创建的动画。使用遮罩层后，遮罩层下面图层的内容就像透过一个窗口显示出来一样，这个窗口的形状和大小就是遮罩层中内容的形状和大小。在课件中制作遮罩动画能够将动画演示限制在一个形状或区域内，可以实现某些特殊的效果。

实例 6　波的衍射

本例制作高中《物理》学科"波的衍射"课件中的波形动画，课件运行界面如图 5-75 所示。该课件演示了"波"通过不同大小的孔时，所表现出来的现象。

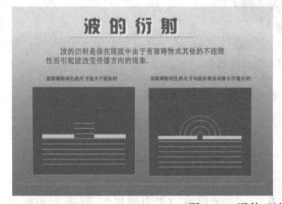 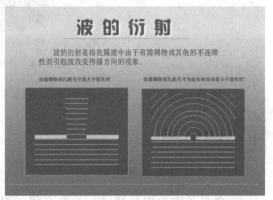

图 5-75　课件"波的衍射"效果图

在课件半成品的基础上，制作两种波的衍射动画。这里的动画用到了前面学习过的运动补间动画，还有本课将要介绍的遮罩动画技术。

 跟我学

制作水平波衍射

"水平波衍射"影片剪辑是在背景图层的上方制作遮罩动画，由于波形需要循环播放，所以需要把"水平波纹"单独作为一个影片剪辑存放。

1. **新建元件**　打开半成品课件"波的衍射.fla"，添加一个"水平波衍射"影片剪辑。
2. **添加图层**　添加两个图层，并分别为图层命名为"遮罩水平波"和"水平波"，时间轴上图层效果如图 5-76 所示。
3. **绘制背景**　单击"背景"图层，利用"矩形"工具 在舞台上绘制背景图片，效果如图 5-77 所示。

134

图 5-76　图层效果

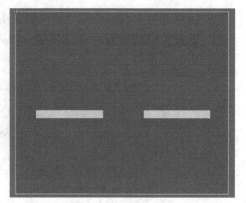
图 5-77　背景效果

4. **添加水平波**　从"库"面板中拖动图形元件"水平波"到"水平波"图层的第1帧，拖动后的位置效果如图 5-78 所示。

5. **绘制遮罩图形**　利用绘图工具，在"遮罩水平波"图层的舞台上绘制动画的遮罩区域，效果如图 5-79 所示。

图 5-78　添加水平波

图 5-79　绘制遮罩图形

6. **设置遮罩层**　在"遮罩水平波"图层上右击，在弹出的快捷菜单中选择"遮罩层"命令，设置遮罩效果，图层效果如图 5-80 所示。

图 5-80　遮罩层效果

制作弧形波衍射

"弧形波衍射"是波通过小孔前后的衍射动画，分为两个部分，一是在通过小孔前显示水平波纹，二是通过小孔后显示弧形波纹。

135

1. **新建元件** 插入一个"圆"影片剪辑,选择"椭圆"工具,在舞台中绘制一个圆。
2. **调整大小和位置** 在"图层 1"第 60 帧插入关键帧,按图 5-81 所示操作,设置圆的大小和位置。

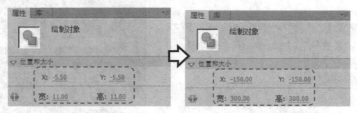

图 5-81 调整圆的大小和位置

3. **制作动画** 右击"图层 1"第 1 帧到第 60 帧之间的任意帧,在弹出的快捷菜单中选择"创建补间形状"命令,制作形状补间动画。
4. **新建元件** 插入一个影片剪辑,命名为"弧形波纹"。
5. **制作图层 1** 从"库"面板拖动元件"圆"到舞台(坐标 X:0.00,Y:0.00),单击"图层 1"的第 60 帧,按 F5 键,插入一个普通帧,延长时间轴的显示时间。
6. **制作图层 2** 添加一个图层,名称默认为"图层 2",在第 5 帧插入关键帧,拖动元件"圆"到舞台(坐标 X:0.00,Y:0.00),并在第 60 帧插入一个普通帧。
7. **制作其他帧** 参照上述步骤,制作其他图层,最终效果如图 5-82 所示。

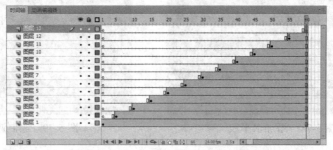

图 5-82 元件"弧形波纹"图层效果

8. **复制元件** 按图 5-83 所示操作,复制一个"弧形波衍射"影片剪辑。

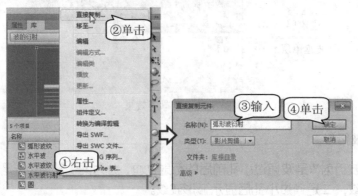

图 5-83 复制元件

9. **修改遮罩层** 双击库面板中的"弧形波衍射"元件,按图 5-84 所示操作,调整"遮罩水平波"的遮罩范围。

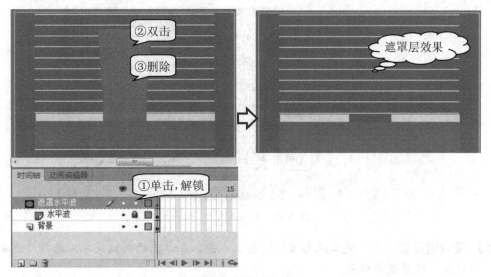

图 5-84　修改遮罩层

10. **调整孔大小** 按图 5-85 所示操作,缩小通过波的小孔。

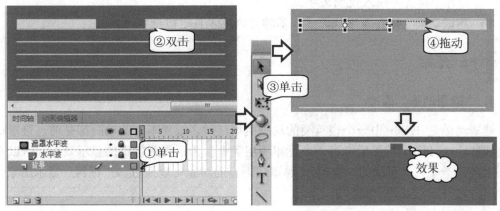

图 5-85　缩小孔

11. **添加图层** 在"遮罩水平波"图层上方分别添加"弧形波"和"遮罩弧形波"图层,效果如图 5-86 所示。

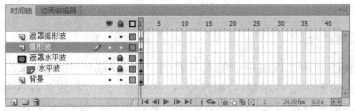

图 5-86　添加图层

12. **添加图层内容** 按图 5-87 所示操作，分别向"弧形波"和"遮罩弧形波"图层添加内容。

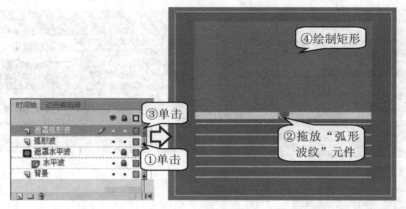

图 5-87 添加图层内容

13. **设置遮罩层** 在"遮罩弧形波"图层上右击，在弹出的快捷菜单中选择"遮罩层"命令，设置遮罩效果。
14. **返回场景 1** 单击 按钮，返回"场景 1"。
15. **添加内容** 参照光盘效果，在"内容"图层添加"水平波衍射"和"弧形波衍射"影片剪辑，并输入说明文字。
16. **测试动画** 保存并测试课件，不满意的地方再返回进行修改。

知识库

1. "遮罩动画"原理

遮罩动画是 Flash 中一个很重要的动画类型，很多效果丰富的动画都是通过遮罩动画来完成的。在 Flash 的图层中有一个遮罩图层类型，为了得到特殊的显示效果，可以在遮罩层上创建一个任意形状的"视窗"，遮罩层下方的对象可以通过该"视窗"显示出来，而"视窗"之外的对象将不会显示。

2. "遮罩动画"用途

在 Flash 动画中，"遮罩"主要有两种用途：一种是用在整个场景或一个特定区域中，使场景外的对象或特定区域外的对象不可见；另一种是用来遮罩住某一元件的一部分，从而实现一些特殊的效果。

3. 应用遮罩时的技巧

- 遮罩动画能够透过该图层中的对象看到"被遮罩层"中的对象及其属性，但是遮罩层中的对象中的许多属性(如渐变色、透明度、颜色和线条样式等)却是被忽略的。例如，不能通过遮罩层的渐变色来实现被遮罩层的渐变色变化。
- 要在场景中显示遮罩效果，可以锁定遮罩层和被遮罩层。

- 可以用 Actions 动作语句建立遮罩，但这种情况下只能有一个"被遮罩层"，同时，不能设置 Alpha 属性。
- 不能用一个遮罩层试图遮蔽另一个遮罩层。
- 遮罩可以应用在 GIF 动画上。
- 在制作过程中，遮罩层经常挡住下层的元件，影响视线，无法编辑，可以按下遮罩层"时间轴"面板的"显示图层轮廓"按钮，使遮罩层只显示边框形状。
- 被遮罩层中不能放置动态文本。

创新园

(1) 参照图 5-88 所示的效果，制作人教版高中《化学》必修 2 学科"核外电子排布"课件中的电子运动动画。

(2) 参照图 5-89 所示的效果，制作初中《地理》学科"地球的自转"课件中的地球转动动画效果。

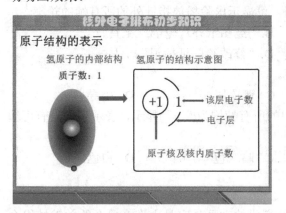 

图 5-88　课件"核外电子排布"效果图　　　　图 5-89　课件"地球的自转"效果图

5.4　小结和习题

5.4.1　本章小结

利用 Flash 可以制作出界面美观、动静结合、声形并茂、交互方便的多媒体 CAI 课件，而且操作简便、易学、好用，同时具有良好的兼容性。本章详细介绍了 Flash 课件的制作方法和技巧，具体包括以下主要内容。

- 制作逐帧动画：主要介绍 Flash 逐帧动画原理和制作方法，通过"文字逐帧动画"和"图形逐帧动画"实例，讲述了逐帧动画在课件中的运用。
- 制作补间动画：通过"运动和静止的相对性"和"变形虫"两个课件实例，认识补间动画分为"运动补间"和"形状补间"两种类型，并介绍补间动画的制作方法和步骤。

- 制作引导和遮罩动画：本节重点认识了 Flash 中的各种图层，其中运用"引导层"和"遮罩层"可以制作出物体沿引导线运动和遮罩的效果。通过实例课件制作，介绍了"引导""遮罩"动画在教学中的运用。

5.4.2　强化练习

1. 选择题

(1) 在 Flash 中，要选择一组非连续帧，可按下(　　)键，然后单击要选择的各帧。
　　A. Shift　　　　B. Alt　　　　C. Ctrl　　　　D. Ctrl+Alt

(2) 在制作形状渐变动画时，常添加形状提示点，最多可添加(　　)个。
　　A. 20　　　　B. 26　　　　C. 30　　　　D. 40

(3) 删除关键帧的快捷键是(　　)。
　　A. F5　　　　B. F6　　　　C. Shift+F6　　　　D. Alt+F6

(4) 在"洋葱皮"工具中单击(　　)按钮，可显示出除播放指针外的所有帧的轮廓。
　　A. "绘图纸外观"工具　　　　　　B. "绘图纸外观轮廓"工具
　　C. "编辑多个帧"工具　　　　　　D. "修改绘图纸标记"工具

(5) 设置(　　)可以设定动画的播放速度。
　　A. 帧频　　　　B. 场景大小　　　　C. 遮罩层　　　　D. 引导层

(6) 如果当前帧不是关键帧，此时画面中的所有帧均为(　　)显示，表示当前没有可编辑帧。
　　A. 黑色　　　　B. 灰色　　　　C. 暗灰色　　　　D. 白色

2. 判断题

(1) 逐帧动画是指在每个帧上都有关键性变化的动画，它是由许多单个的关键帧组合而成的。(　　)

(2) 渐变动画制作过程简单，只需建立动画的第 1 个画面，其他画面由计算机自动产生。(　　)

(3) 与运动渐变不同的是，形状渐变的对象是分离的可编辑图形，它可以是同一层上的多个图形，也可以是单个图形。(　　)

(4) 遮罩层中的对象只能是单一的物体、元件或文本对象。(　　)

(5) 帧频决定了动画播放的连贯性和平滑性，帧频越小，动画播放速度越快。(　　)

第 6 章

设置课件交互控制

经过前面 5 章的学习,读者能够制作出一些简单的课件,这些课件在使用过程中,只能按顺序播放,而在教学实践中,可根据需要重复播放学生难以理解的内容;根据需要调整讲解顺序;根据输入不同的值,模拟实验效果等。在 Flash 软件中,可以利用 ActionScript 3.0 语言控制课件的播放,实现按钮、按键、热对象、文本、条件和时间等方面的交互控制,方便教师根据情况选择相应教学内容。

本章内容

- 用按钮和按键控制交互
- 用热对象和文本控制交互
- 用条件和时间控制交互

6.1 用按钮和按键控制交互

使用按钮和按键交互是控制课件播放最常用的两种方式。在实际课堂教学中，使用按钮和按键交互，能够让教师更加灵活、方便地使用课件，根据学生学习的情况及时调整教学内容。

6.1.1 用按钮交互

用按钮交互，指为按钮编写代码、控制时间轴、影片剪辑等。在课件播放时，单击按钮，选择不同的课件内容，实现交互，可以使用"代码片断"窗口插入代码，也可以在"动作"窗口中输入代码。

实例 1　视觉的形成

本实例是初中《生物》课件"眼睛与视觉"中的一部分，如图 6-1 所示，通过动态展示视觉形成的过程，方便学生理解。通过本例的学习，读者可掌握添加按钮、编写代码，以及控制动画的播放方法。

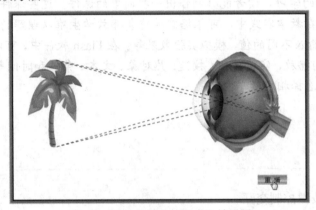

图 6-1　课件"视觉的形成"效果图

打开并播放动画，可以看到动画是按顺序从前往后播放，播放结束后，再跳到第一帧重复播放，现在需要添加按钮，使用"代码片断"面板，为按钮编写代码，使单击"重播"按钮时，重复播放。

 跟我学

添加按钮

选中关键帧，通过拖动的方法，添加"外部库"中的按钮到舞台上，双击按钮上的文本，进行修改、设置。

第6章 设置课件交互控制

1. **打开文件**　运行 Flash 软件,打开文件"视觉的形成(初).fla"。
2. **添加按钮**　选择"窗口"→"公共库"→"按钮"命令,打开"外部库"面板,按图 6-2 所示操作,添加按钮到舞台上。

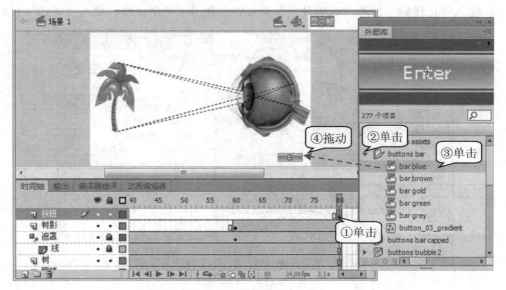

图 6-2　添加按钮

3. **修改按钮文本**　双击按钮图标,按图 6-3 所示操作,将按钮上的文本修改为"重播",并设置字体格式为"微软雅黑,15 点,黑色"。

图 6-3　修改按钮文本

实现重播功能

　　使用"代码片断"面板,插入到关键帧上的代码,默认从第 5 帧开始播放,需要修改,才能实现从第 1 帧开始。

143

1. **添加图层** 选中"按钮"图层，单击时间轴上的"新建图层"按钮，新建图层，并命名为 Actions。
2. **插入关键帧** 选中 Actions 图层第 80 帧，按 F6 键，插入关键帧。
3. **插入停止代码** 打开"代码片断"面板，按图 6-4 所示操作，插入"停止"代码。

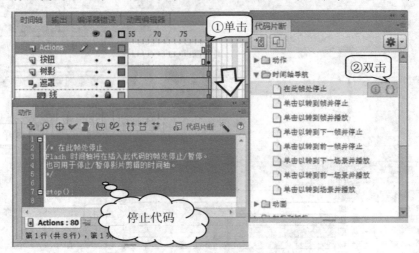

图 6-4　插入停止代码

4. **插入重播代码** 选中舞台上的"按钮"对象，在"代码片断"面板中按图 6-5 所示操作，添加代码。

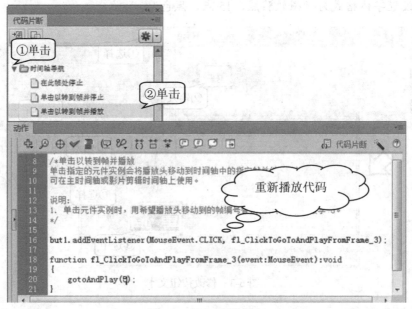

图 6-5　插入重播代码

此时单击"重播"按钮，将从第 5 帧播放，如果想从第 1 帧开始播放，则需用数字 1 替换代码中的数字 5。

5. **修改重播代码** 按图 6-6 所示操作,将 "gotoAndPlay(5)" 改为 "gotoAndPlay(1)",使课件从第 1 帧开始播放。

图 6-6 修改重播代码

6. **测试保存** 测试动画,将文件以"视觉的形成(终).fla"为名保存。

 知识库

1. 了解 ActionScript 语言

ActionScript 是 Flash 的内置脚本语言,Flash CS6 支持两个版本的脚本语言,即 ActionScript 2.0 与 ActionScript 3.0,本章所有案例均使用 ActionScript 3.0(以下简称 AS 3.0) 进行开发。AS 3.0 是标准的面向对象编程语言,设计思想是:代码与设计分离,而且不再支持在元件上添加代码,所有代码写在时间轴和脚本文件中。在使用编程语言时,要遵循一定的语法规范与标点规则,如图 6-7 所示为部分标点规则。

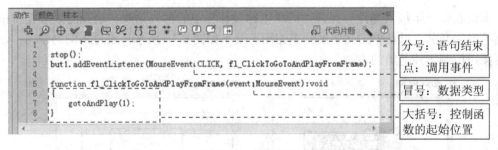

图 6-7 标点规则

2. 鼠标单击事件

鼠标事件(MouseEvent)包括多种不同的鼠标事件,如鼠标单击、双击、拖动等,在 Flash 程序中,任何类型的交互操作,都可以视为事件,如鼠标单击、敲击键盘等。下面以鼠标单击事件为例，介绍编写执行事件处理的 AS 3.0 代码的方法，如图 6-8 所示。首先注册事件，为了知道对象何时发生事件，需要创建"事件处理函数"。当"事件处理函数"侦察到某个事件发生时，就会进行事件处理，执行大括号中的语句。

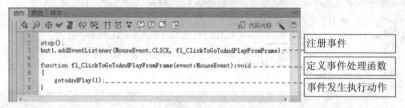

图 6-8　鼠标单击按钮事件代码

3. "代码片断"面板

选择"窗口→代码片断"命令，打开"代码片断"面板，如图 6-9 所示。在面板中有多组常用事件，有动作、时间轴导航等 11 个选项，可以使用这些选项方便控制交互，在舞台上选择一个元件后，在"代码片断"面板中双击一个需要的代码片断，Flash 就会将该代码插入关键帧。

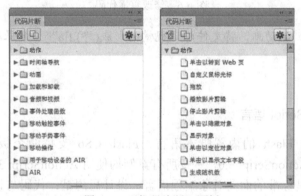

图 6-9　"代码片断"面板

实例 2　手电筒电路

本例制作九年级《物理》课件"简单电路设计"中的部分动画，动画的效果是用按钮控制手电的开关，以及单击文字展示电路图，效果如图 6-10 所示。通过本例的学习，掌握使用按钮控制影片剪辑的方法。

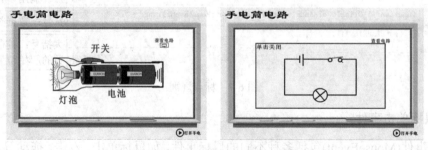

图 6-10　课件"手电筒电路"效果图

第6章 设置课件交互控制

课件为半成品,已完成"手电筒"与"电路"两个影片剪辑的制作,并已经添加了"打开手电"按钮与"查看电路"文字标识,现需添加相应代码,实现单击按钮或标志时播放"手电筒"与"电路"影片剪辑。

跟我学

设置对象属性

将影片剪辑拖到舞台上,通过"属性"面板,设置"手电筒"与"电路"的属性,方便在后面代码中调用。

1. **打开文档** 运行 Flash 软件,打开"手电筒电路(初).fla"文档。
2. **设置对象"手电筒"属性** 按图 6-11 所示操作,将对象"手电筒"命名为 "mov_shoudian"。

图 6-11 设置对象属性

3. **设置对象"电路"属性** 用上面同样的方法,将对象"电路"命名为"mov_dianlu"。

编写控制代码

添加图层 Actions,选中关键帧,打开"动作"面板,可以输入代码,实现课件的交互。

1. **新建图层** 选中"标题"图层,单击时间轴上的按钮,新建图层,并命名为 Actions。
2. **输入代码** 按图 6-12 所示操作,输入代码,实现动画的播放初始状态为停止。

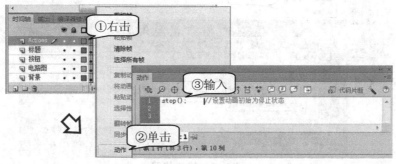

图 6-12 输入代码

3. **插入代码** 选中舞台上的"按钮"对象,打开"代码片断"面板,按图 6-13 所示操作,插入"单击以转到帧并停止"代码。

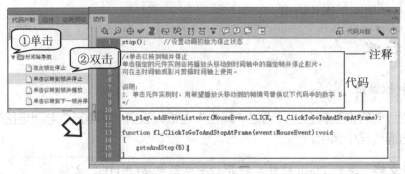

图 6-13 插入代码

4. **删除注释** 按图 6-14 所示操作,删除注释语句。

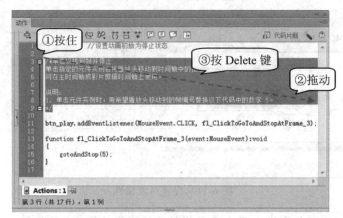

图 6-14 删除注释

5. **修改代码** 按图 6-15 所示操作,修改代码,实现单击按钮时播放影片剪辑"mov_shoudian"。

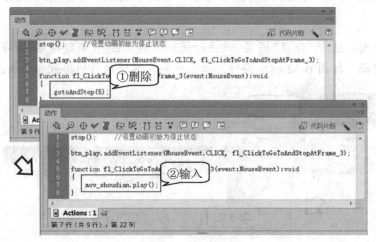

图 6-15 修改代码

6. **编写对象"电路图"代码** 选中舞台上对象"mov_dianlu",打开"代码片断"面板,用上面同样的方法,插入"单击以转到帧并停止"代码,并修改成如图 6-16 所示,实现单击对象时显示手电电路图。

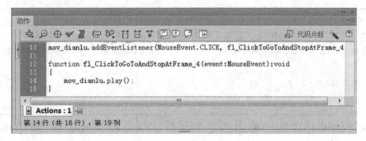

图 6-16 完善代码

7. **测试保存** 测试动画,将文件以"手电筒电路(终).fla"为名保存。

1. 注释语句

注释是使用一些简单易懂的语言对代码进行简单说明。注释语句在编译过程中并不会参与求值运算。注释可以帮助记忆编程的原理,有助于阅读代码。若代码中有些内容阅读起来含义不明显,应该对其添加注释。ActionScript 3.0 中的注释语句有两种:单行注释和多行注释。

- 单行注释:以两个单斜杠//开始,其后的该行内容均为注释。代码如下:

```
stop();    //在此帧处停止
```

- 多行注释:以 /* 开始,以 */ 结尾,其间的内容均为注释,可以一行或多行。代码如下:

```
/*单击以转到帧并播放
单击指定的元件实例会将播放头移动到时间轴中的指定帧并继续从该帧回放。
可在主时间轴或影片剪辑时间轴上使用。
说明:
1. 单击元件实例时,用希望播放头移动到的帧编号替换以下代码中的数字 5。
*/
```

2. "代码片断"中的时间轴导航

时间轴导航中提供了 8 个选项,使用这些选项可以方便实现动画的停止、跳转等,各选项的具体功能如下。

- 在此帧处停止:Flash 时间轴将在插入此代码的帧处停止/暂停,也可用于停止/暂停影片剪辑的时间轴。代码如下:

```
    stop();
```

- 单击以转到帧并停止：单击指定的元件实例会将播放头移到时间轴中的指定第 5 帧(可以修改)并停止。代码如下：

```
button_1.addEventListener(MouseEvent.CLICK,
  fl_ClickToGoToAndStopAtFrame);
function fl_ClickToGoToAndStopAtFrame(event:MouseEvent):void
{
 gotoAndStop(5);
}
```

- 单击以转到帧并播放：单击指定的元件实例会将播放头移到时间轴中的指定第 5 帧(可以修改)并继续从该帧播放。代码如下：

```
button_1.addEventListener(MouseEvent.CLICK,
   fl_ClickToGoToAndPlayFromFrame);
function fl_ClickToGoToAndPlayFromFrame(event:MouseEvent):void
{
 gotoAndPlay(5);
}
```

- 单击以转到下一帧并停止：单击指定的元件实例会将播放头移到下一帧并停止。代码如下：

```
button_1.addEventListener(MouseEvent.CLICK,
   fl_ClickToGoToNextFrame);
function fl_ClickToGoToNextFrame(event:MouseEvent):void
{
 nextFrame();
}
```

- 单击以转到上一帧并停止：单击指定的元件实例会将播放头移到上一帧并停止。代码如下：

```
button_1.addEventListener(MouseEvent.CLICK,
    fl_ClickToGoToPreviousFrame);
function fl_ClickToGoToPreviousFrame(event:MouseEvent):void
{
 prevFrame();
}
```

3. 认识"动作"面板

"动作"面板主要由工具栏、编辑区、动作工具箱和对象窗口组成，如图 6-17 所示。

4. 对象的属性与方法

对象的属性是指反映该对象的某些特定的性质，如对象的大小、位置等；对象的方法是指能够在对象上执行的动作，如播放对象、停止对象等。在 AS 3.0 中，用"."来访问对象的属性和方法。

第 6 章 设置课件交互控制

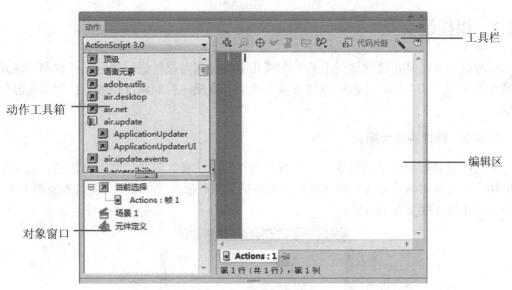

图 6-17 "动作"面板

- 对象属性：访问对象属性的格式是"对象.属性"，如舞台上已有手电筒影片剪辑"mov_shoudian"，通过设置对象属性，可将对象显示在舞台的指定位置。代码如下：

```
mov_shoudian.x = 240;            //手电筒影片剪辑 x 坐标的显示
mov_shoudian.y = 200;            //手电筒影片剪辑 y 坐标的显示
```

- 对象方法：访问对象方法的格式是"对象.方法()"，使用方法控制对象手电筒影片剪辑的播放与停止。代码如下：

```
mov_shoudian.play();             //播放手电筒影片剪辑
mov_ shoudian.stop();            //停止手电筒影片剪辑
```

 创新园

(1) 打开"大自然的语言.fla"文件，如图 6-18 所示，课件左边有 4 个按钮，请分别给其添加控制代码，使其能够实现交互功能。

(2) 打开"氨气的制取.fla"文件，如图 6-19 所示，课件右下角有 2 个按钮，请分别给其添加控制代码，使其能够实现交互功能。

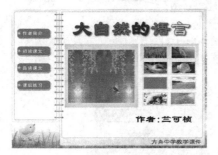

图 6-18 课件"大自然的语言"效果图

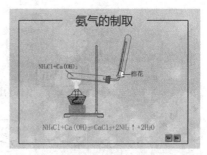

图 6-19 课件"氨气的制取"效果图

6.1.2 用按键交互

用按键交互,是指通过键盘上的一个或几个按键来对课件进行快速交互控制。这是一种简单的交互方式,能够让教师通过按键来灵活、方便地控制课件播放,让学生充分仔细观察。

实例3 地球绕着太阳转

本实例是冀教版小学《科学》六年级上册"地球绕着太阳转"的动画片段,效果如图 6-20 所示,通过动画动态演示地球绕着太阳转的效果,帮助学生理解。通过本案例的学习,掌握使用按键控制交互的方法。

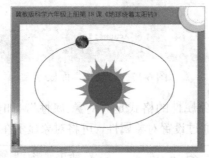

图 6-20 课件"地球绕着太阳转"效果图

课件是半成品,在完成引导线动画"地球绕着太阳转"的制作基础上,添加代码,使用 Key Pressed 事件编写代码,实现动画在课件播放时停止,按键盘上的方向键"→"地球开始移动,按"空格键"地球停止移动。

 跟我学

1. **打开文件** 运行 Flash 软件,打开"地球绕着太阳转(初).fla"文件。
2. **输入"停止"代码** 按图 6-21 所示操作,输入停止代码,舞台上的对象处于停止状态。

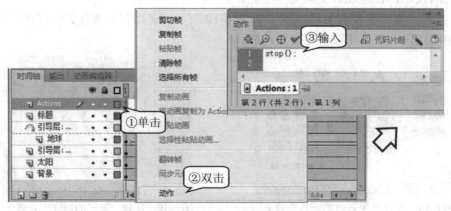

图 6-21 输入"停止"代码

3. **插入事件代码** 选中 Action 图层的关键帧，按图 6-22 所示操作，使用"代码片断"面板，插入 Key Pressed 事件代码。

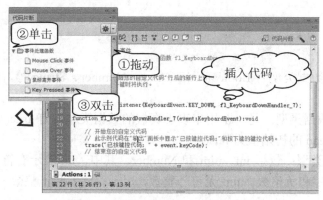

图 6-22 插入 Key Pressed 事件代码

4. **修改代码** 按图 6-23 所示操作，将"事件的方法"改为按方向键"→"，播放动画。

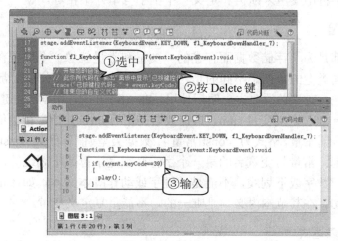

图 6-23 修改代码

5. **播放课件** 按 Ctrl+Enter 键，预览课件的播放效果。
6. **添加按"空格键"代码** 用以上 3 个操作步骤，添加按"空格键"停止动画，代码如图 6-24 所示。

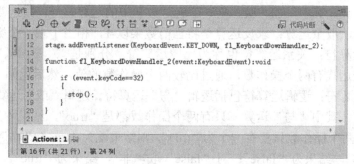

图 6-24 添加按"空格键"代码

7. 播放并保存文件　预览课件的效果,将文件另存为"地球绕着太阳转(终).fla"。

知识库

1. 数据类型

AS 3.0 常用的数据类型有 Boolean、int、uint、Number、String 等,以下简单介绍这几种数据类型。

- Boolean 数据类型:是一个用来表示真假的数据类型,有 true(真)和 false(假)两个值。Boolean 的初始值为 false。
- 数字数据类型:包括 int、uint 和 Number。其中,int 表示有符号整数,用于存储正整数、零和负整数。uint 无符号整数,用于存储零和正整数。而 Number 则表示实数。
- String 数据类型:String 表示一个字符串,字符串的用途非常广泛。需要注意的是,定义了字符串变量未赋值和定义一个空字符串并不相等。

2. 变量和常量

变量和常量都是为了存储数据而存在的。变量和常量就像一个放置在内存中的容器,用于容纳各种不同类型的数据。不同的是,变量可以随时发生变化,而常量则不会变化。

- 声明语法:变量必须要先声明后使用,在 AS 3.0 中,用 var 关键字声明,例如 var sum: int=100; 定义变量 sum,指定数据类型为 int,并指定初始值为 100;用 const 关键字声明常量,格式为"const 常量名:数据类型=值",例如 const pi:Number=3.14。
- 命名规则:常量与变量名的第一个字符必须是字母或下划线等,其后的字符必须是字母、数字或下划线,不能是关键字或动作脚本文本,如 true、false、null 或 undefined。在其范围内必须是唯一的,不能重复定义变量。

3. 运算符和表达式

计算机编程语言必须要我们清楚地描绘出如何进行数据运算,而如何运算是通过表达式来告诉计算机的。使用表达式可表达想要达到的效果,使用运算符可进行相关的运算。操作数和运算符的组合构成了表达式。

- 算术运算符:算术运算符很简单,共有 6 个,分别为加、减、乘、除、模运算和求反运算。其中,加、减、乘、除就是数学中的运算符号;模运算的运算符为%,就是除法取余运算;求反运算是将当前数乘以-1,相当于求一个数的相反数。
- 关系运算符:关系运算符也称为比较运算符,分别是<、>、<=、>=、= =、!=。关系表达式有两个操作数,通过比较两个操作数的值,然后返回一个布尔值。
- 逻辑运算符:逻辑运算符包括逻辑"与"运算符、逻辑"或"运算符、逻辑"非"运算符。其中"与"运算,只有两个操作数都是"true",结果才为"true"。"或"运算,两个操作数只要有一个为"true",则结果就为"true"。"非"运算,对"true"取"非",结果为"false";对"false"取"非",结果为"true"。

4. 程序的 3 种结构

程序有 3 种基本结构，分别是顺序结构、选择结构与循环结构，所有程序均是由这 3 种结构组合而成。

- 顺序结构：是指程序按代码的顺序，一句一句地执行。代码如下：

```
var a:int=1;           //定义整型变量 a，并赋初始值为 1
var b:int=2;           //定义整型变量 b，并赋初始值为 2
var c:int=a+b;         //定义整型变量 c，并将 a+b 的值赋给 c
trace("a+b=",c);       //输出 a+b 的值
```

- 选择结构：当程序有多种可能需要选择时，就要用到选择结构。以 if…else…语句为例，其语法规范如下：

```
if (表达式){           //表达式为一个条件语句
    语句 1;            //当条件成立时，执行该语句
}else{                 //否则，即条件不成立时
    语句 2;            //执行该语句
}
```

- 循环结构：程序中经常会遇到需要重复执行的代码，这部分代码可以作为循环体，由控制条件来决定重复操作的次数。以 for 循环为例，其语法规范如下：

```
For (初始化；循环条件；步进语句){
    循环体；
}
```

5. 键盘常用键的 ASCII 码值

在代码片段中，经常使用键盘常用键的 ASCII 码值，下面列出了部分常用键的 ASCII 码值，如表 6-1 所示。

表 6-1　部分常用键的 ASCII 码值

常用键名	ASCII 码	常用键名	ASCII 码	常用键名	ASCII 码	常用键名	ASCII 码
A	65	a	97	Enter	13	0	48
B	66	b	98	空格	32	1	49
C	67	c	99	←	37	2	50
D	68	d	100	↑	38	3	51
E	69	e	101	→	39	4	52
F	70	f	102	↓	40	5	53

创新园

(1) 打开"眼睛与视觉.fla"文件，如图 6-25 所示，添加代码图层并书写代码，使其能够实现按相应字母键打开相应教学内容。

(2) 打开"制取氧气.fla"文件，如图 6-26 所示，添加代码图层并书写代码，使其能够实现按相应字母键打开相应教学内容。

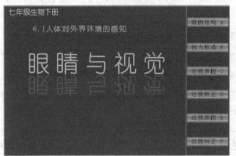
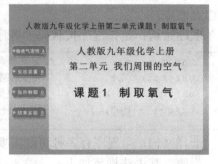

图 6-25　课件"眼睛与视觉"效果图　　　图 6-26　课件"制取氧气"效果图

6.2　用热对象和文本控制交互

　　用热对象交互，是指将课件中的某个事物作为交互对象并产生变化，使用热对象交互能够使课件更生动、更人性化。文本交互通常能够让教师或学生在课件中输入文本内容、填写答案，实现简单的人机交互功能。

6.2.1　用热对象交互

　　热对象是指在课件窗口中显示的任意形状(对象也可以是动态的)，如单选按钮、复选框和能引入可显示内容的图标等。通过单击、双击或指针在对象上激活产生相应变化，显示相应的内容。

　　实例 4　有理数

　　本案例是人教版七年级《数学》上册第一章课件"有理数"的知识测试题部分，效果如图 6-27 所示，通过案例学习，掌握使用组件制作选择题，并实现自动评卷的方法。本例演示两道题的测试，当测试者选择答案后，单击每题下面的单选按钮，题后括号中显示相应的字母，单击"交卷"按钮，会自动判断对错。

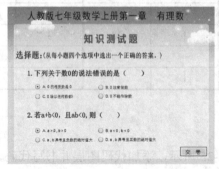

图 6-27　课件"有理数"效果图

第6章 设置课件交互控制

制作测试，需要在原有课件半成品基础上，使用 Label、RadioButton、Button 等组件制作选择题题干，再编写程序代码，实现完成测试交卷时判断题的对错。

跟我学

制作选择题题目

使用"窗口"→"组件"命令，打开"组件"面板，可用拖动的方法，向舞台添加单选按钮等对象。

1. **打开文件** 运行 Flash 软件，打开课件"有理数知识测试题(初).fla"。
2. **添加组件** 打开"组件"面板，按图 6-28 所示操作，拖动单选按钮到舞台上。

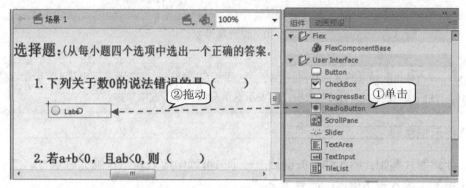

图 6-28 添加组件

3. **设置属性 1** 打开"属性"面板，按图 6-29 所示操作，设置单选按钮的名称为"pd11"，groupName 的属性为 T1，"Label"的属性为"A．0 的相反数是 0"。

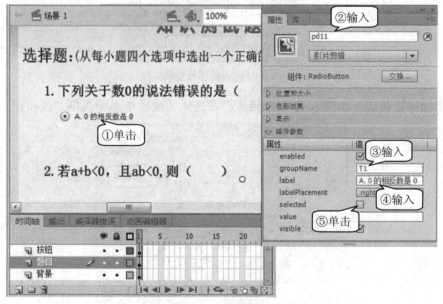

图 6-29 设置属性

4. 设置属性 2 用上面同样的方法，从"组件"面板中再拖动 3 个单选按钮，并设置其属性，效果如图 6-30 所示。

图 6-30 设置属性参数值

  单项选择题的选项有两种状态：⦿ 表示选中状态；○ 表示非选中状态。如果选中属性面板中的"Selected"选项，则表示该单选按钮处于选中状态。

制作提示信息

新建影片剪辑，插入两个关键帧，一个关键帧中放入表示正确的符号"√"，另一个关键帧中放入表示错误的符号"✗"。

1. 新建影片剪辑 选择"插入"→"新建元件"命令，按图 6-31 所示操作，新建一个名为"提示信息"的影片剪辑。

图 6-31 新建影片剪辑

2. 添加停止代码 按图 6-32 所示操作，在选中关键帧中添加代码"stop();"。

图 6-32 添加停止代码

3. **制作表示正确的符号** 在第 1 个关键帧后按 F6 键，插入一个关键帧，单击工具栏中的"文本工具"按钮 T ，输入符号"√"，并将符号按图 6-33 所示操作设置成"隶书，60 点，红色"。

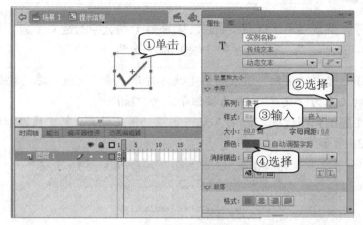

图 6-33 制作表示正确的符号

4. **制作表示错误的符号** 用上面同样的方法，在第 2 个关键帧后按 F6 键，插入关键帧，在关键帧中输入符号"✕"，并设置成上面相同的格式，完成后效果如图 6-34 所示。

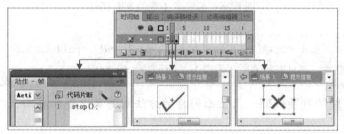

图 6-34 制作表示错误的符号

5. **添加第 1 题的提示信息** 按图 6-35 所示操作，在第 1 题的后面，添加提示信息，并命名为"dc1_mc"。

图 6-35 添加提示信息

6. **添加第 2 题的提示信息** 用上面同样的方法，为第 2 题添加提示信息，并命名为 "dc2_mc"。

> **编写交互代码**
>
> 编写程序，实现当单击提交按钮时，如果第 1 题选中的是 C 选项，则显示提示信息中第 2 帧中的 "✓"，否则显示第 3 帧中的 "✗"。

1. **添加按钮** 选中 "按钮" 图层的第 1 帧，打开 "库" 面板，拖动按钮到舞台上，修改上面的文本为 "交卷"，并为按钮命名为 "but"。

2. **编写第 1 题的判断代码** 选中 Action 图层的第 1 帧，为第 1 帧添加脚本代码，效果如图 6-36 所示。

图 6-36 编写第 1 题的判断代码

第 1 题中 4 个选项的名称分别为 pd11、pd12、pd13、pd14，如果将第 3 个选项设置成正确答案，则只需将判断代码写作 "if(pd13.selected)"。

3. **编写第 2 题的判断代码** 用上面同样的方法编写第 2 题的判断代码，效果如图 6-37 所示。

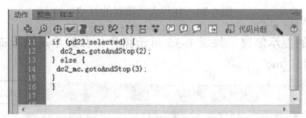

图 6-37 编写第 2 题的判断代码

4. **测试并保存文件** 预览课件效果，以 "有理数知识测试题(终).fla" 为名保存文件。

1. 组件

Flash 在 "组件" 面板中提供了多款可重用的预置组件，向文档中添加一个组件，在 "属性" 面板或 "组件参数" 面板中可以设置它的参数，以修改其外观和行为。使用组件，即使对 ActionScript 3.0 代码没有深入地理解，也能用组件构建较复杂的 Flash 课件。

2. 单选按钮参数

单选按钮的"组件参数"面板上有各种参数，通过参数的设置，可以制作不同的选择题。各参数介绍如下。

- enabled：指示组件能否接受用户输入。选中为接受，取消选中为不接受。
- groupName：单选按钮的组名称，默认为 RadioButtonGroup。groupName 相同的一组单选按钮只有一个能被选中，这样就确保了同一组内不会出现重复选的情况。
- label：设置 RadioButton 组件上的文本。默认值为 Label(文本标签)。
- labelPlacement：标签相对于指定图标的位置，有以下 4 个选项。
① right：文本标签位于图标的右侧。
② left：文本标签位于图标的左侧。
③ bottom：文本标签位于图标的底部。
④ top：文本标签位于图标的顶部。
- selected：将单选按钮的初始值设置为被选中(true)或取消选中(false)。被选中的单选按钮中会显示一个圆点，一个组内只有一个单选按钮可以有表示被选中的值 true。
- value：与单选按钮关联的自定义值。
- visible：指示当前组件实例是否可见，选中则可见，取消选中则不可见。

创新园

(1) 打开"安全用电(1).fla"文件，如图 6-38 左图所示，为测试题添加组件，完成效果如图 6-38 右图所示。

图 6-38　制作"安全用电"测试题效果图

(2) 打开"安全用电(2).fla"文件，为按钮编写代码，使完成测试题后单击"交卷"按钮，能实现自动评判，效果如图 6-39 所示。

图 6-39　完成"安全用电"测试效果图

6.2.2　用文本交互

用文本交互，即文本输入交互，是多媒体程序中常用的交互方式之一。程序遇到文本输入交互时，会在屏幕上出现一个文本输入框，如果在该输入框中输入的内容与预定的内容一致,则将激活交互。

实例 5　光的折射

本例是人教版新课标教材初中《物理》中"光的折射"内容,效果如图 6-40 所示。课件在演示过程中,可根据输入的入射角计算得出水中折射角,并模拟光的折射过程,帮助学生理解光的折射现象。

课件是半成品,已制作了"空中入射光"与"水中折射光"两个影片剪辑,在此基础上需添加输入"入射角"的文本框与显示"折射角"的文本框,并编写代码,实现输入"入射角"后计算"折射角",并能模拟显示光线射入及入水发生折射的过程。

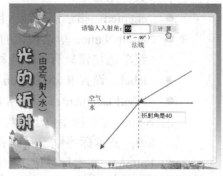

图 6-40　课件"光的折射"效果图

 跟我学

> **添加文本输入框**
>
> 使用"窗口"→"组件"命令,打开"组件"面板,拖动文本框到舞台上,使用"属性"面板,设置文本框的属性。

1. **打开课件**　运行 Flash 软件,打开"光的折射(初).fla"文件,查看已经制作好的部分。
2. **新建图层**　选中"界面"图层,单击时间轴上"新建图层"按钮,新建图层,并命名为"文本框"。
3. **添加文本框组件**　选择"窗口"→"组件"命令,打开"组件"面板,按图 6-41 所示操作,在新建图层上添加文本框。

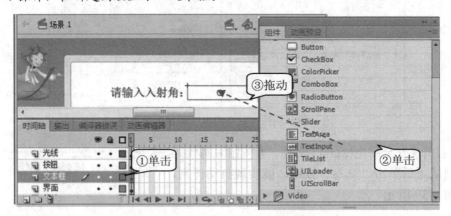

图 6-41　添加文本输入框组件

4. **设置入射角输入框属性**　选择"窗口"→"属性"命令,打开"属性"面板,按图 6-42 所示操作,将实例的名称修改为 kzrsj。
5. **复制折射角文本框**　选中文本输入框,按住 Ctrl 键拖动鼠标,复制得到另一个文本输入框,单击"任意变形工具"按钮,修改文本输入框的大小,并移到合适位置。

图 6-42 设置入射角输入框属性

6. **设置折射角文本框属性** 按图 6-43 所示操作，将文本输入框的名称修改为 szzsj。

图 6-43 设置折射角文本框属性

编写程序代码

使用公式"折射角=入射角*3/4"计算折射角，显示在文本框中；利用元件的 rotation 属性根据入射角与折射角进行旋转，动态模拟光的折射过程。

1. **新建 Actions 图层** 在"标题"图层上新建图层，并命名为 Actions。
2. **定义变量** 右击 Actions 图层的关键帧，在弹出的快捷菜单中选择"动作"命令，打开"动作"窗口，输入代码，效果如图 6-44 所示。

图 6-44 定义变量

3. **插入单击按钮代码** 按图 6-45 所示操作，选中按钮，插入"单击以转到帧并停止"的代码。

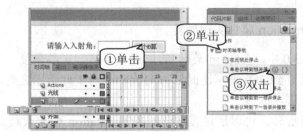

图 6-45 插入单击按钮代码

4. **计算折射角** 打开"动作"窗口，按图 6-46 所示操作，修改代码，计算折射角。

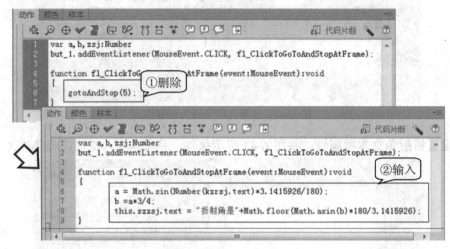

图 6-46　计算折射角

5. **旋转光线** 打开"动作"窗口，在计算折射角代码的下方输入代码，如图 6-47 所示，实现旋转光线的功能。

```
10        zsj=Math.floor(Math.asin(b)*180/3.1415926);
11        this.水中折射光.rotation=zsj+90;
12        this.空中入射光.rotation=Number(kzrsj.text)+90;
13        this.空中入射光.play();
14        this.水中折射光.play();
15    }
```

图 6-47　旋转光线

6. **测试并保存课件** 预览效果，将文件以"光的折射(终).fla"为名保存。

知识库

1. 三角函数

在 ActionScript 3.0 中，三角函数如 Math.sin(a)函数是正弦函数，其中参数 a 是弧度制数值，不是角度制数值。

2. 利用对象的 rotation 属性实现旋转

在 ActionScript 3.0 中，rotation(旋转)的作用是旋转一定的角度。其值从 0 到 180 表示顺时针方向旋转；从 0 到-180 表示逆时针方向旋转。对于此范围之外的值，可以通过加上或减去 360 获得该范围内的值。

对某个对象进行旋转，可以通过设定该对象的 rotation 值来实现。例如，"this.空中入射光.rotation=90;"，其中"this"表示当前舞台，"this.空中入射光"表示当前舞台上的实例

"空中入射光","this.空中入射光.rotation=90"表示当前舞台上的实例"空中入射光"顺时针旋转 90 度。

3. 赋值语句

在"fenshu.text=String(i*50);"语句中,"="号表示把其后面的值赋给其前面的变量 fenshu.text。在 ActionScript 3.0 语言中,"="不再是"等于"的意思,而是赋值,例如"a=3",表示把变量 a 的值赋值为 3,或者说把 3 赋值给变量 a。

(1) 打开"10 以内数的加减计算.fla"文件,为该课件添加文本框,并编写代码,实现计算与判断功能,效果如图 6-48 所示。

(2) 打开"比一比.fla"文件,为该课件添加文本框,并编写代码,实现比一比的功能,效果如图 6-49 所示。

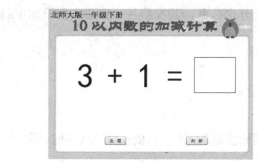
图 6-48　课件"10 以内数的加减计算"效果图

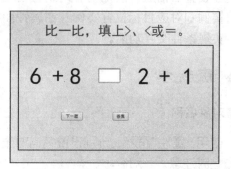
图 6-49　课件"比一比"效果图

6.3　用条件和时间控制交互

用条件和时间交互是课件制作中的两种高级交互方式。用条件交互就是指当某一个动作、事件或结果出现时,如果满足设定的条件要求,则会触发相关的课件内容;用时间交互是指在某个时刻到达时,触发或显示相关的课件内容。

6.3.1　限定交互条件

条件交互是课件程序在运行过程中,根据所设置的条件是否得到满足来匹配响应的。这些条件一般是通过函数或表达式来设置的,在运行时用于判断其值的真假来匹配响应。

实例 6　人的视觉

本例是人教版七年级《生物》下册第 6 章第 1 节第 1 课"人的视觉"中的内容"眼球

的结构"。课件效果如图 6-50 所示。通过拖动名词到眼球结构图的合适位置,检测学生对知识的掌握情况。

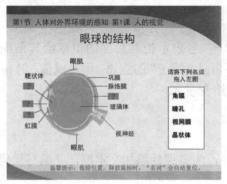 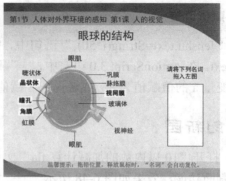

图 6-50　课件"人的视觉"效果图

交互设置后播放,能拖动名词到相应位置。打开课件初稿,首先依次选中舞台上的各个按钮实例和对应目标位置实例,在属性面板中分别命名,其次给各个按钮实例添加控制代码,实现条件交互功能。

 跟我学

设置对象名称

使用"属性"面板,分别设置名词对象与目标区域的名称,方便在编写代码时调用,在命名时注意一一对应。

1. **打开课件**　运行 Flash 软件,打开课件"人的视觉(初).fla"。
2. **设置对象名称**　按图 6-51 所示操作,给对象"角膜"设置名称为"s1"。

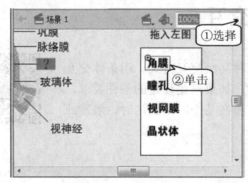 

图 6-51　设置对象名称

3. **设置其他对象名称**　用上面同样的方法,分别给"瞳孔、视网膜、晶状体"按钮设置名称为"s2、s3、s4"。
4. **设置目标区域对象名称**　按图 6-52 所示操作,给"角膜"目标区域对象设置名称为"d1"。

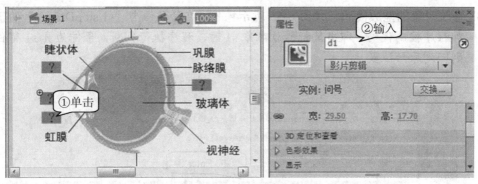

图 6-52 设置目标区域对象名称

5. **设置其他目标区域对象名称** 同上面同样的方法，分别给"瞳孔、视网膜、晶状体"按钮添加名称为"d2、d3、d4"。

编写交互代码

为舞台上参加条件交互的按钮实例编写控制代码，实现对象拖到正确目标区域就落下，否则回到原始位的效果。

1. **初始化坐标变量** 右击 Actions 图层关键帧，选择快捷菜单中的"动作"命令，打开"动作"窗口，输入代码，如图 6-53 所示，记录对象原始位置坐标，以便当拖到错误位置时，可以回到原始位置。

图 6-53 初始化坐标变量

2. **插入对象的拖放代码** 选中舞台上的对象"角膜"，在打开的"代码片断"面板中，按图 6-54 所示操作，为对象"角膜"插入"拖放"控制代码。

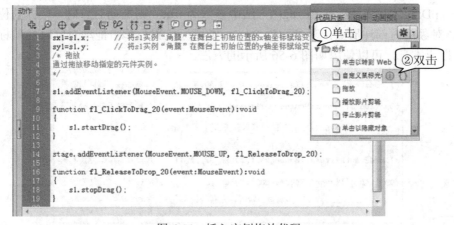

图 6-54 插入实例拖放代码

3. **修改对象的拖放代码** 按图 6-55 所示操作,在释放语句 "s1.stopDrag();" 的下方添加程序控制代码,即当鼠标释放对象 s1 时,程序执行判断,条件为真 s1 留住,否则回到原始位置。

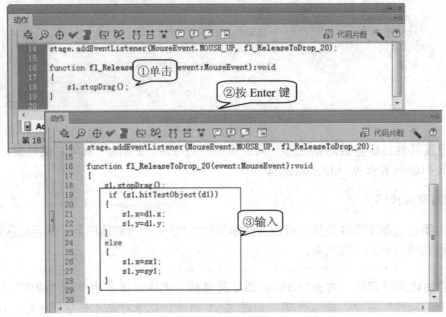

图 6-55 编辑实例拖放的代码

4. **添加其他实例代码** 重复 3~5 步,分别为其他实例添加控制和程序代码。
5. **保存课件** 预览课件的播放效果,保存课件为"人的视觉(终).fla"。

知识库

1. 对象的拖放

在 Flash 中,影片剪辑和按钮均可被拖放。对象拖放开始使用 startDrag( )方法,拖放结束使用 stopDrag( )方法。若 startDrag( )方法中参数为 true,则拖动对象时,鼠标的位置会自动跑到该对象的内部注册点;若参数为 false,则鼠标位置为单击拖动对象时的鼠标位置。拖放 s1 按钮本身,可以使用如图 6-56 所示的方法。

```
s1.addEventListener(MouseEvent.MOUSE_DOWN, S1);   //鼠标按下事件侦听器
function S1(event:MouseEvent):void                //鼠标按下拖动处理器
{
    s1.startDrag();    //鼠标按下s1按钮时,开始拖动
}
s1.addEventListener(MouseEvent.MOUSE_UP, RS1);    //鼠标释放事件侦听器
function RS1(event:MouseEvent):void               //鼠标释放拖动处理器
{
    s1.stopDrag();    //鼠标释放s1按钮时,停止拖动
}
```

图 6-56 对象的拖放

2. 利用 hitTestObject()函数检测碰撞

在制作拖动实例时，常常要检测两个实例是否发生了碰撞(确定发起者是否与目标对象重叠或相交)，这时用 hitTestObject()函数和 if 语句来共同实现。hitTestObject()函数语法结构如下：

```
MovieClip.hitTestObject() (碰撞目标)
```

MovieClip 是碰撞的发起者，这里的实例必须是影片剪辑或按钮；"碰撞目标"则可以是影片剪辑、按钮或位置(场景中的任意一个点的坐标)。如果双方发生了碰撞，则 MovieClip.hitTestObject() (碰撞目标)的返回值为 true(真)，反之则为 false(假)。

6.3.2 限定交互时间

用时间交互，就是课件在播放时，限制交互的时间，并判断使用者在限定时间内的完成情况，这种方式常用在习题检测或知识测试课件中。

实例7 给汉字注音测验

本例是苏教版七年级《语文》上册第一单元"亲近文字"内容中给汉字注音测验部分。通过拖动拼音来检测学生对生字的掌握情况，如果在规定的时间内没能完成任务，则提示超时，如图 6-57 所示。

图 6-57 课件"给汉字注音测验"效果图

打开课件初稿，第 1 阶段选中时间轴的 Actions 层第 1 帧，展开"代码片断"编辑窗口，添加全屏播放代码；第 2 阶段，编写"时间"程序控制代码，实现时间交互功能。

跟我学

> **添加计时提示信息**
>
> 使用文本工具及"组件"面板，添加文字提示信息及标签，用来制作计时提示信息。

1. **打开课件** 运行 Flash 软件，打开课件"给汉字注音测验(初).fla"。
2. **添加提示文本** 选中图层"提示文字"的第 1 个关键帧，单击"文本工具"按钮，在舞台上输入文本"你已经用了　秒"，效果如图 6-58 所示。

3. **添加标签对象** 按图 6-59 所示操作，添加标签对象，并设置标签对象的名称为 sec，居中对齐，初始数字是 0。

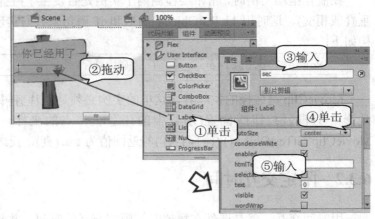

图 6-58 输入提示文本　　　　　图 6-59 添加标签对象

4. **制作答对提示信息** 选中"提示文字"图层的第 2 个关键帧，单击"文本工具"按钮 T，在舞台上输入文本"你真棒!"，并设置文字格式为"黑体，52 点，红色"。
5. **制作答错提示信息** 用上面同样的方法，选择"提示文字"图层的第 3 个关键帧，输入文本"很遗憾，你已经超时了!"，并设置格式，完成效果如图 6-60 所示。

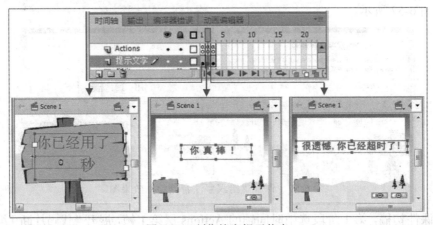

图 6-60 制作答案提示信息

> **添加时间控制代码**
>
> 通过"代码片断"中的"示例定时器"，插入时间控制代码，并编写程序控制代码，实现时间交互功能。

1. **确定插入代码位置** 右击图层的第一个关键帧，选择"动作"命令，打开"动作"窗口，按图 6-61 所示操作，将光标定位在代码最后。
2. **插入示例定时器代码** 按图 6-62 所示操作，插入"示例定时器"代码。

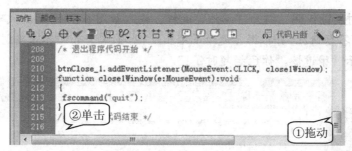

图 6-61 确定插入代码位置

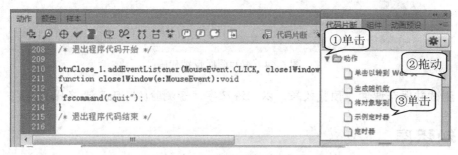

图 6-62 插入示例定时器代码

3. **修改示例定时器代码** 打开"动作"面板，修改代码如图 6-63 所示，将时间显示在标签 sec 上。

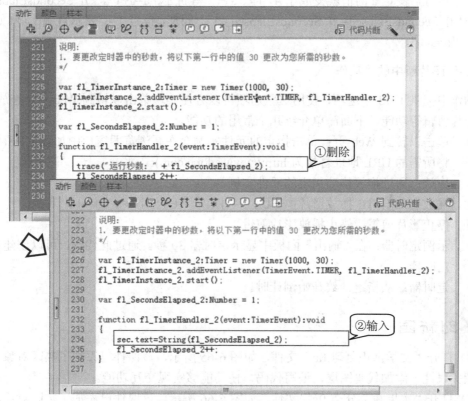

图 6-63 修改示例定时器代码

4. 编写限时反馈代码 打开"动作"面板，输入如图 6-64 所示的代码，实现到 30 秒时，检查答题情况，并根据答题结果给出反馈，如果全部回答正确则显示"你真棒!"，否则显示"很遗憾，你已经超时了!"。

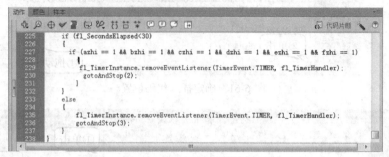

图 6-64 编写限时反馈代码

5. 测试并保存课件 预览效果，以"给汉字注音测验(终).fla"为名保存。

1. 运算符++

在 ActionScript 3.0 语言中，符号"++"的意思是变量"自加 1"，例如"a=3;a++;"这两个语句运行后变量 a 的值就变成了 4，即"a++"等价于"a=a+1"，"fl_SecondsElapsed++"等价于"fl_SecondsElapsed= fl_SecondsElapsed +1"。同理，符号"--"表示自减 1，例如"a--"等价于"a=a-1"。

2. 代码片断中的"动作"

动作中提供了 13 个选项，使用这些选项可以方便实现单击以转到 Web 页、拖放鼠标、播放影片剪辑等功能，下面简单介绍几个常用的功能。

- 单击以转到 Web 页：单击指定的元件实例会在新浏览器窗口中加载 URL(使用时将所需的 URL 地址替换为 http://www.adobe.com)。
- 拖放：通过拖放移动指定的元件实例。
- 播放影片剪辑：播放影片剪辑。
- 停止影片剪辑：停止播放影片剪辑。
- 示例定时器：在"输出"面板中显示定时器 30 秒。通过此代码，可以创建自己的定时器。
- 定时器：从指定秒数开始倒计时。

(1) 打开"文学常识复习.fla"文件，如图 6-65 所示，该课件已添加了热区对象，并设置了相关属性。添加代码图层，编写代码，使其能够实现交互功能。

(2) 打开"水果蔬菜分类.fla"文件，如图 6-66 所示，该课件已添加了热区对象，并设置了相关属性。添加代码图层,编写代码,使其能够实现交互功能。

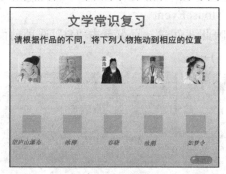

图 6-65　课件"文学常识复习"效果图　　　图 6-66　课件"水果蔬菜分类"效果图

6.4　小结和习题

6.4.1　本章小结

本章通过多个具体实例,详细介绍了利用 ActionScript 3.0 代码控制课件播放的制作过程、方法和技巧。具体包括以下主要内容。

- 用按钮和按键控制交互:详细介绍了按钮和按键交互控制代码的插入方法和技巧,针对不同的出错信息,给出了解决办法;介绍了部分键盘常用键的 ASCII 码值、程序的选择结构和逻辑表达式的值,修改简单的 AS 3.0 代码,实现正常的交互功能。
- 用热对象和文本控制交互:在 AS 3.0 脚本语言中,详细介绍了组件的使用方法;深入浅出地介绍了组件包和类的概念与使用方法,以及组件对象的文本样式的使用方法,引入了算术运算符、三角函数、逻辑表达式等知识;深入讲解了对象旋转知识。
- 用条件和时间控制交互:主要介绍变量的初始化、拖放函数和碰撞函数的正确使用方法和技巧,以及删除侦听器的原因和方法。还介绍了运算符自增和自减的使用方法和功能,影片播放界面的显示方式和改变按钮组件的显示样式等。

6.4.2　强化练习

1. 选择题

(1) 在 Flash 课件中,某按钮的 ActionScript 3.0 动作代码如下,下列选项中是按钮实例名称的是(　　)。

```
button_3.addEventListener(MouseEvent.CLICK, fl_ClickToGoToAndStopAtFrame_3);
function fl_ClickToGoToAndStopAtFrame_3(event:MouseEvent):void
{
    gotoAndStop(4);
}
```

A．addEventListener　　　　　　　B．fl_ClickToGoToAndStopAtFrame_3
　　C．button_3　　　　　　　　　　　D．MouseEvent

(2) 下图为"有理数"单项选择题效果图，放映此课件时，只有单击"D"选项前面的单选按钮时才是正确的。以下说法中错误的是(　　)。

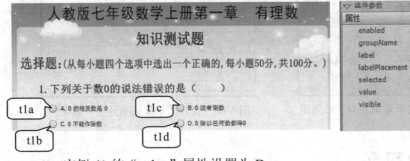

　　A．实例 d1 的"value"属性设置为 D
　　B．实例 t1a、t1b、t1c、t1d 的"groupName"属性值都是 t1
　　C．本课件中，各单选按钮实例的"label"属性值为空
　　D．实例 a1 的"selected"属性可以设置为"true"

(3) 下面为某物理练习课件中的一段帧动作，以下说法错误的是(　　)。

```
if (k1.text= = "力矩")
 { dui.play();    //播放正确反馈
 }else
 {    cuo.play();   //播放错误反馈
 }
```

　　A．本题的正确答案是"力矩"
　　B．"=="在这里是关系运算符，意思为"等于"，所以写成"="也是对的
　　C．"dui""cuo"是本课件中添加的两个反馈实例元件
　　D．"k1"是用以实现人与课件交互的"输入框"的实例名

(4) 在 Flash 课件中，若使名为"libai"的实例拖动时随鼠标移动，需要为实例"libai"添加的 ActionScript 3.0 代码是(　　)。

A．
```
stage.addEventListener(MouseEvent.MOUSE_UP, fl_ReleaseToDrop);
function fl_ReleaseToDrop(event:MouseEvent):void
{ libai.stop(); }
```

B．
```
libai.addEventListener(MouseEvent.MOUSE_DOWN, fl_ClickToDrag);
function fl_ClickToDrag(event:MouseEvent):void
{ libai.startDrag(); }
```

C．
```
stage.addEventListener(MouseEvent.MOUSE_UP, fl_ReleaseToDrop);
function fl_ReleaseToDrop(event:MouseEvent):void
{ libai.stopDrag(); }
```

D．
```
libai.addEventListener(MouseEvent.MOUSE_DOWN, fl_ClickToDrag);
function fl_ClickToDrag(event:MouseEvent):void
{ libai.start(); }
```

(5) 在制作 Flash 课件时，想通过释放按钮使播放头从当前帧跳转到第 5 帧，并停止播放，其按钮的 ActionScript 3.0 代码为(　　)。

A.
```
button_4.addEventListener(MouseEvent.CLICK, fl_ClickToGoToAndStopAtFrame_4);
function fl_ClickToGoToAndStopAtFrame_5(event:MouseEvent):void
{   gotoAndStop(5);}
```

B.
```
button_4.addEventListener(MouseEvent.CLICK, fl_ClickToGoToAndStopAtFrame_4);
function fl_ClickToGoToAndStopAtFrame_5(event:MouseEvent):void
{   gotoAndPlay(5);}
```

C.
```
button_4.addEventListener(MouseEvent.CLICK, fl_ClickToGoToAndStopAtFrame_4);
function fl_ClickToGoToAndStopAtFrame_4(event:MouseEvent):void
{   gotoAndPlay(5);}
```

D.
```
button_4.addEventListener(MouseEvent.CLICK, fl_ClickToGoToAndStopAtFrame_4);
function fl_ClickToGoToAndStopAtFrame_4(event:MouseEvent):void
{   gotoAndStop(5);}
```

2．判断题

（1）逻辑运算中，如果 a=true;b=false;，则 a &&b 的值为 true。　　　　（　　）

（2）在三角函数 Math.asin(c)中，参数 c 是角度值。　　　　　　　　　　（　　）

（3）在 Flash 中，若某个关键帧上有"α"，表示此帧已经设置了动作。　　（　　）

（4）ActionScript 3.0 代码中，执行"a=6;a++;"语句后，变量 a 的值为 7。　（　　）

（5）在制作拖动实例时，常常要检测两个实例是否发生了碰撞，这时需要用 hitTestObject()函数和 if 语句共同实现。　　　　　　　　　　　　　　　　（　　）

3．问答题

（1）在制作交互型课件时，在哪些情况下需要为实例命名？分别举例说明为什么。

（2）利用 ActionScript 3.0 代码制作拖放题课件，应注意哪些问题？简述其制作过程。

第 7 章

制作常用 Flash 课件

Flash 软件可以制作各种类型的课件，既可以制作实验型和测验型课件，也可以制作一些游戏型课件，这些课件可以很方便地为教学服务，提高教学效率，解决教学过程中的重难点问题，直观形象地帮助学生理解和掌握所学的知识。

本章内容

- 制作实验型课件
- 制作测验型课件
- 制作游戏型课件

7.1 制作实验型课件

在教学过程中,经常会遇到实验,包括演示实验和模拟实验。这些实验如果用 Flash 课件来展示,会将抽象的问题直观化和形象化,达到非常好的效果。

7.1.1 制作演示实验课件

演示型实验以展示课件内容为主,通过老师的演示,引导学生观察、思考和分析,从而解决学习过程中的疑点和难点。

实例 1 透镜对光的作用

本例对应人教版八年级《物理》上册内容,课件运行界面如图 7-1 所示。课件开始运行的是一个封面,然后单击相应的按钮,可以展示"凸透镜"对光有会聚作用,"凹透镜"对光有发散作用。

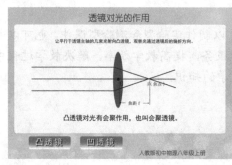 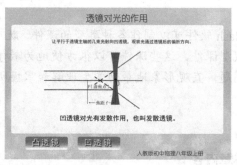

图 7-1 "透镜对光的作用"效果图

课件所用到的相关素材存放在"库"面板中,在课件半成品的基础上添加图层,根据效果图,制作透镜影片剪辑,添加控制代码,完成课件的制作。

 跟我学

制作"背景"图层

在背景图层的舞台上添加背景图片和透镜按钮图片,利用"文本"工具输入课件标题和相关信息文字。

1. **修改图层名称** 打开半成品课件"透镜对光的作用(初).fla",将"图层 1"重新命名为"背景"图层。
2. **拖动素材到舞台** 按图 7-2 所示操作,从"库"面板中将课件中要用的相关素材按顺序拖动到舞台适当的位置。

第 7 章 制作常用 Flash 课件

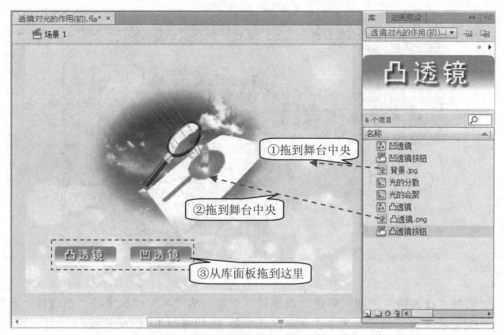

图 7-2　拖动素材到舞台

3. **输入文字**　在封面上部输入标题文字，设置格式为"幼圆、60 点、红色"，在右下部输入其他文字，设置格式为"华文行楷、30 点、红色"，效果如图 7-3 所示。

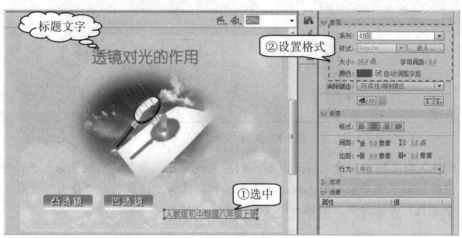

图 7-3　输入文字

制作透镜影片剪辑

分别打开库中已经插入的凸透镜和凹透镜影片剪辑元件，并制作其影片剪辑。

1. **制作背景图层**　打开"库"面板中"光的会聚"影片剪辑元件，按图 7-4 所示操作，用"矩形"工具在舞台中央绘制圆角为 12、长为 960、宽为 490、填充色为 #FFFFCC 的圆角矩形背景。

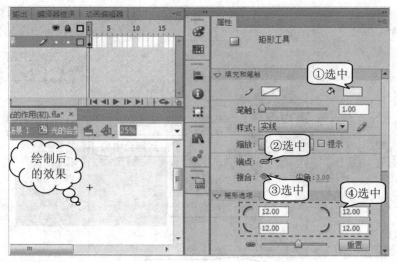

图 7-4　制作背景图层

2. **添加"凸透镜"图层**　新建"凸透镜"图层,从"库"模板中将"凸透镜"元件拖到背景中央,效果如图 7-5 所示,选中第 55 帧并按 F5 键延长帧。

图 7-5　添加"凸透镜"图层

3. **制作入射光线**　新建入射光图层,利用直线工具,设置笔触颜色为红色,字号为 3 点,绘制 3 条等长入射光线,单击第 1 帧,选择"修改"→"分离"命令,分离入射光线,并左对齐,效果如图 7-6 所示。

图 7-6　制作入射光线

4. **延长入射光线** 单击第 15 帧，按 F6 键创建关键帧，按图 7-7 所示操作，延长入射光线。

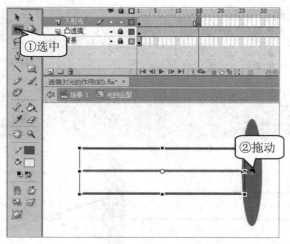

图 7-7　延长入射光线

5. **制作入射光线动画** 按图 7-8 所示操作，创建入射光线动画。选中第 55 帧并按 F5 键延长帧。

图 7-8　制作入射光线动画

6. **制作折射光线** 新建折射光图层，选中第 15 帧，利用直线工具，设置笔触颜色为红色，字号为 3 点，绘制 3 条折射光线，按图 7-9 所示操作，选择"修改"→"分离"命令，分离折射光线。

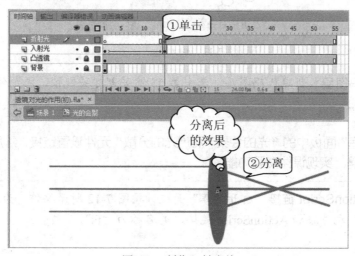

图 7-9　制作入射光线

7. **制作折射光线动画** 分别选中第 16~30 帧创建关键帧，按图 7-10 所示操作，删除每个关键帧中多余部分的线条，制作折射光线逐帧动画。

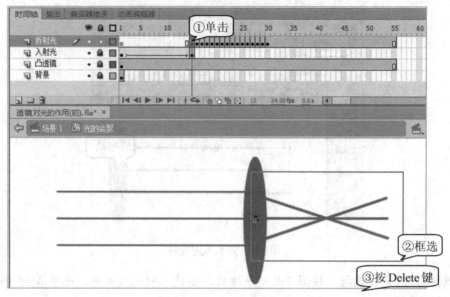

图 7-10 创建折射光线动画

8. **输入提示文字** 新建"提示文字"图层，选中第 22 和第 30 帧并创建关键帧，在第 1、22 和 30 帧的舞台上分别输入相应的提示文字，效果如图 7-11 所示。

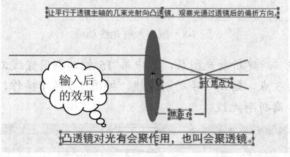

图 7-11 输入提示文字

9. **添加代码图层** 新建代码图层，选中第 55 帧并创建关键帧，添加停止代码。

制作"代码"图层

先为"库"面板中的"光的会聚"和"光的分散"元件设置链接，然后再在"代码"图层添加代码，实现课件交互功能。

1. **添加 ActionScript 链接** 打开"库"面板，按图 7-12 所示操作，为"库"中的"光的发散"元件添加 ActionScript 链接，类名称为"fs"。

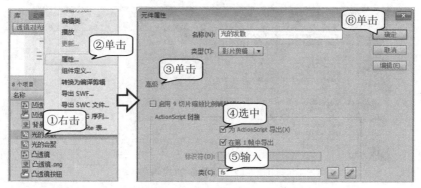

图 7-12　添加 ActionScript 链接

2. **添加其他链接**　继续为元件"光的会聚"添加 ActionScript 链接，类名称为"hj"。
3. **设置按钮名称**　按图 7-13 所示操作，设置按钮的对象名称，凸透镜按钮名称为"btn_ttj"，凹透镜按钮名称为"btn_atj"。

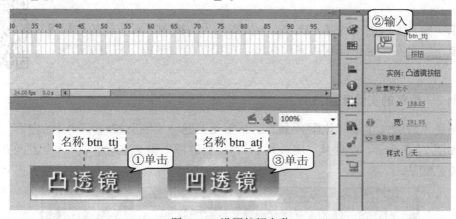

图 7-13　设置按钮名称

4. **添加代码图层**　在"背景"图层上方，新建"代码"图层，并右击第 1 帧，在弹出的快捷菜单中选择"动作"命令，打开"动作"窗口。
5. **添加代码**　在"动作"窗口中输入代码，效果如图 7-14 所示，实现测试影片时，单击"凸透镜"按钮，在舞台相应位置显示"光的发散"影片剪辑内容。

图 7-14　添加代码

6. **继续添加代码**　用同样的方法，继续添加代码，实现"凹透镜"按钮的功能，代码效果如图 7-15 所示。

图 7-15　继续添加代码

7. **保存并测试课件**　选择"文件"→"另存为"命令，保存课件名为"透镜对光的作用(终).fla"，再选择"控制"→"测试影片"命令，播放并测试课件。

7.1.2　制作模拟实验课件

模拟实验是实验的一种基本类型，是指在人为的控制下对实验的过程等进行模拟，得出实验结论。利用课件来演示模拟实验的过程，将更加形象、生动。

实例 2　氧气的实验室制法

本例是人教版九年级《化学》上册第二单元课题 1"制取氧气"一节的内容，课件运行界面如图 7-16 所示。课件从"实验用品""实验过程"和"注意事项"3 个方面介绍了氧气的实验室制法。

图 7-16　课件"氧气的实验室制法"效果图

在"库"面板中存储了相关的课件素材。下面按照课件结构，先制作课件封面、实验用品影片剪辑，再制作实验过程和注意事项，最后完成交互。

 跟我学

制作课件封面

课件封面内容比较多，先新建图层，然后添加边框和说明文字，最后再将几个按钮按顺序放置在指定位置。

1. **新建图层** 打开半成品课件"氧气的实验室制法(初).fla",在"背景"图层上方添加3个新图层,名称分别为"边框""说明"和"按钮",效果如图7-17所示。

2. **拖动元件** 单击"边框"图层的第1帧,从"库"中将图片"边框.jpg"拖到舞台的中央。

图7-17 新建图层

3. **输入说明文字** 单击"说明"图层第1帧,在舞台上输入说明文字,参照光盘实例,设置字体格式。

4. **放置按钮** 分别从"库"面板中拖动"实验用品""实验过程""注意事项"和"返回"按钮到舞台左下角位置,效果如图7-18所示。

图7-18 放置按钮

5. **添加普通帧** 分别在"背景""边框"和"按钮"层的第5帧添加普通帧,以延长时间轴。

> **制作实验用品内容**
>
> 先制作一个"实验用品"的影片剪辑,然后将影片剪辑添加到主时间轴上。

1. **插入影片剪辑** 选择"插入"→"新建元件"命令,按图7-19所示操作,新建一个"实验用品"影片剪辑。

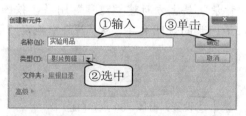

图7-19 新建影片剪辑

2. **编辑图层** 将"图层1"重新命名为"背景",并新建一个"仪器"图层。

3. **制作"背景"图层** 单击"背景"图层第1帧,将"幕布"影片剪辑拖到舞台中央。

4. **制作"仪器"图层** 单击"仪器"图层第1帧,将实验中所要用到的仪器都拖到舞台上,并对齐排列好,效果如图7-20所示。

5. **添加图层** 单击 场景1 按钮,返回主场景"场景1",在"背景"图层上方添加一个新图层,命名为"内容"。

6. **放置元件** 在"内容"图层的第2帧按F6键,添加一个关键帧,并将刚制作好的影片剪辑"实验用品"从"库"面板拖到该帧的舞台中央,效果如图7-21所示。

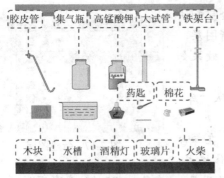

图 7-20　实验仪器

图 7-21　放置元件

7. 添加说明　在"说明"图层的第 2 帧按 F6 键，添加一个关键帧，并修改课件下方的说明文字，效果如图 7-22 所示。

图 7-22　添加说明

> **制作实验过程**

新建"实验过程"影片剪辑，该影片剪辑内容比较复杂，根据实验的操作步骤完成制作。

1. **插入影片剪辑**　选择"插入"→"新建元件"命令，新建一个"实验过程"影片剪辑。
2. **编辑图层**　将"图层 1"重新命名为"背景"，并将"幕布"影片剪辑拖到舞台中央，选中第 4 帧，按 F5 键插入帧。
3. **设置第一步**　在"背景"层上方新建"过程"图层，按图 7-23 所示操作，在该层第 1 帧舞台上输入第一步的说明文字，从"库"中拖动"第一步"影片剪辑到舞台。

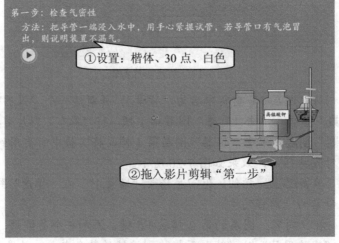

图 7-23　设置第一步

4. **设置其他步文字** 分别在"过程"图层的第 2~4 帧添加空白关键帧，并分别在相应帧的舞台上输入说明文字，效果如图 7-24 所示。

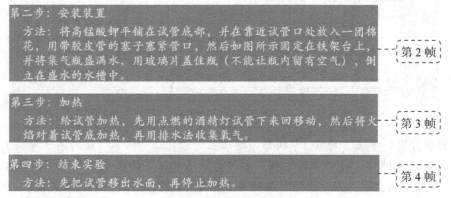

图 7-24 设置其他步文字

5. **设置其他影片剪辑** 从"库"面板中分别将影片剪辑"第二步""第三步""第四步"拖到"过程"图层的第 2、3、4 帧的舞台上，效果如图 7-25 所示。

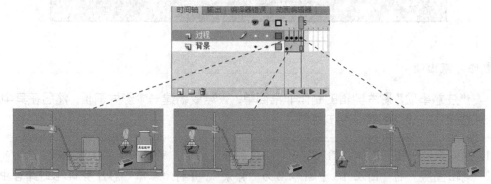

图 7-25 设置其他影片剪辑

6. **制作"按钮"图层** 在"过程"图层上方添加"按钮"图层，按图 7-26 所示操作，拖动按钮元件到舞台，选中第 4 帧，按 F5 键插入帧。

图 7-26 制作"按钮"图层

7. **设置按钮属性** 将 按钮命名为"btn_prev"，再将 按钮命名为"btn_next"。
8. **添加代码** 在"按钮"图层上方添加"代码"图层，并添加如图 7-27 所示的代码。

```
stop();
function goto_next(event:MouseEvent):void
{
 nextFrame();
}
function goto_prev(event:MouseEvent):void
{
 prevFrame();
}
btn_next.addEventListener(MouseEvent.CLICK,goto_next);
btn_prev.addEventListener(MouseEvent.CLICK,goto_prev);
```

图 7-27　添加代码

9. **放置元件**　单击"场景1"按钮，返回主场景，在"内容"层的第3帧按F7键，插入空白关键帧，将"实验过程"影片剪辑从"库"面板中拖到该帧的舞台中央。
10. **添加说明文字**　在"说明"层的第3帧按F7键，添加一个空白关键帧，并修改课件下方的说明文字，效果如图7-28所示。

图 7-28　添加说明文字

制作注意事项

"注意事项"影片剪辑的制作非常简单，只需要新建一个影片剪辑，然后在其中输入一些文字并设置好字体格式即可。

1. **插入影片剪辑**　选择"插入"→"新建元件"命令，新建一个"注意事项"影片剪辑。
2. **编辑图层**　将"图层1"重新命名为"背景"，并将"幕布"影片剪辑拖到舞台中央。
3. **添加注意事项**　在"背景"层上方添加"提示"图层，参照光盘实例，在该图层的舞台上输入注意事项的文字，设置格式为"楷体、30点、白色"。
4. **放置元件**　单击"场景1"，返回主场景。在"内容"层的第4帧按F6键，添加空白关键帧，将影片剪辑"注意事项"从"库"面板中拖到该帧的舞台中央。
5. **添加说明文字**　在"说明"层的第4帧按F6键，添加空白关键帧，并修改课件下方的说明文字，效果如图7-29所示。

图 7-29　添加说明文字

完成交互

这里的完成交互是指先为封面上的按钮命名，然后添加一个"代码"图层，并输入交互功能所需要的代码。

1. **设置属性** 单击"按钮"层的第 1 帧,按图 7-30 所示操作,设置按钮的对象名称。

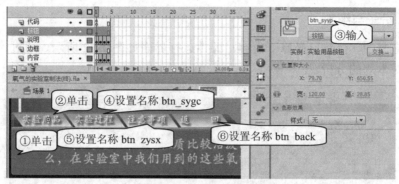

图 7-30 设置对象名称

2. **添加图层** 在"按钮"层上方添加"代码"图层,并打开"动作"窗口。
3. **输入代码** 如图 7-31 所示,在"动作"窗口中输入代码。

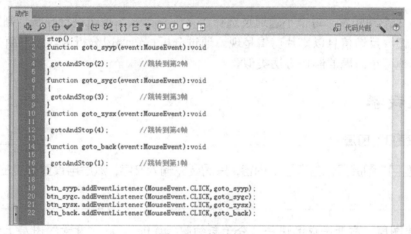

图 7-31 输入代码

4. **保存并测试课件** 选择"控制→测试影片→测试"命令测试课件,并以"氧气的实验室制法(终).fla"为文件名保存课件。

7.2 制作测验型课件

测验型课件是指练习类型的课件,包括判断题课件、单选题课件、多选题课件、填空题课件等。

7.2.1 制作判断题

判断题由题干和判断选项部分组成,当选择了正确或者错误之后,还需要给出一个判断,确认选择是正确还是错误。为了增加课件的适用性,可以增加针对题目的分析功能。

实例3 分子与细胞

本例对应高中《生物》必修一内容,课件运行界面如图7-32所示。通过"分析"按钮可以打开针对本题的分析。

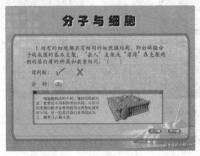 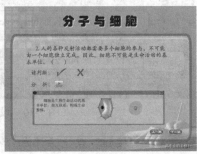

图7-32 课件"分子与细胞"效果图

课件有3个判断题,每个小题通过选择"√"与"×"按钮进行判断,判断后给出正确和错误反馈,反馈信息以影片剪辑呈现。通过分析按钮调用分析内容。下面介绍第1题的制作,其他两个习题的制作方法类似。

 跟我学

制作"题目"图层

"题目"图层只包含有题干内容,只需要先输入文字,然后再设置相应的字体格式即可。

1. **新建图层** 打开半成品课件"分子与细胞(初).fla",在"背景"图层上方添加"题目"图层。
2. **输入文字** 在舞台上输入题目文字,并设置好字体格式(楷体、30点、深绿色),效果如图7-33所示。

图7-33 输入文字

制作"判断"图层

"判断"图层上存放用于判断的"对""错"按钮,以及选择对或错之后,有一个反馈的提示。

1. **新建图层** 在"题目"层上方添加"判断"图层,并在舞台上输入文字"判断:",效果如图 7-34 所示。

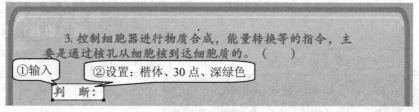

图 7-34 新建图层

2. **放置元件** 从"库"面板中将元件"对号按钮""叉号按钮""正确反馈"和"错误反馈"拖到"判断"层第 1 帧的舞台上,效果如图 7-35 所示。

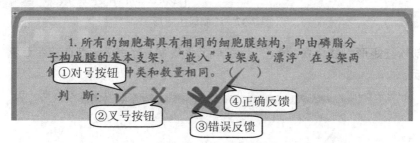

图 7-35 放置元件

3. **设置实例名称** 通过"属性"面板,分别为舞台上的按钮和影片剪辑实例命名,效果如图 7-36 所示。

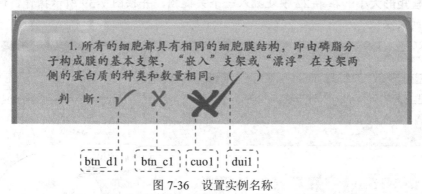

图 7-36 设置实例名称

制作"分析"图层

"分析"图层包括"分析"文字的提示,以及一个按钮,单击此按钮时,显示分析结果。

1. **新建图层** 在"判断"层上方添加"分析"图层,并在舞台上输入文字"分析:"。
2. **新建元件** 新建一个影片剪辑元件"分析 1",在"图层 1"的第 2 帧按 F6 键,插入关键帧。

3. **绘制绿色矩形** 按图 7-37 所示操作，在舞台上绘制一个圆角矩形。

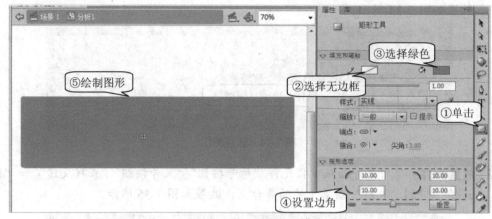

图 7-37 绘制绿色矩形

4. **绘制粉红矩形** 继续在"绿色"的矩形上再绘制一个矩形，颜色为粉红色，如图 7-38 所示。

图 7-38 绘制粉红矩形

5. **调整矩形大小** 在第 22 帧处插入一个关键帧，并按图 7-39 所示操作，调整一下矩形的大小。

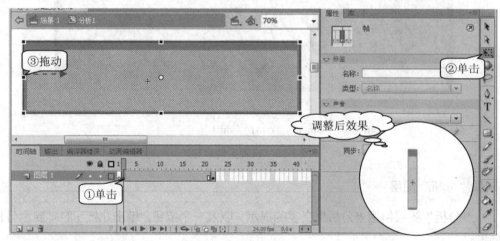

图 7-39 调整矩形大小

6. **制作动画** 在"图层 1"的第 2 帧与第 22 帧之间右击，在弹出的快捷菜单中选择"创建补间形状"命令，制作形状补间动画。

7. **添加分析内容** 在第 23 帧插入一个关键帧，并按图 7-40 所示操作，添加分析内容。

图 7-40　添加分析内容

8. **设置按钮名称**　单击舞台上的"关闭"按钮,设置名称为"btn_hide"。
9. **添加代码**　为第1帧添加代码"stop();",在第24帧插入关键帧,并添加停止代码"stop();",在第23帧添加如图7-41所示的代码,实现单击"关闭"按钮时,隐藏分析内容。

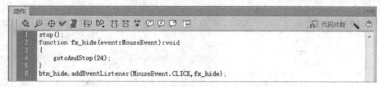

图 7-41　添加代码

10. **拖动元件**　单击"场景1"按钮,返回主场景"场景1",按图7-42所示操作,拖动元件到舞台,并分别为实例命名。

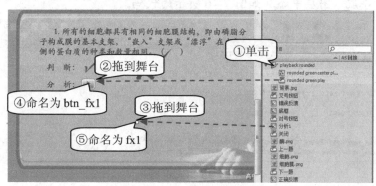

图 7-42　拖动元件

11. **添加代码**　在"分析"图层的第1帧添加代码,效果如图7-43所示。

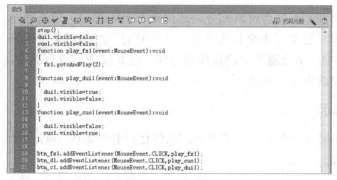

图 7-43　添加代码

12. 制作其他习题　参照第 1 题的制作方式，完成第 2 题和第 3 题的制作，具体效果可参照"分子与细胞(终).fla"，时间轴效果如图 7-44 所示。

制作"导航"图层

"导航"是一个单独的图层，存放有两个按钮，分别用于跳转到"上一题"和"下一题"。

1. 新建图层　在"分析"层上方添加一个图层，命名为"导航"。
2. 拖动按钮元件　从"库"面板中将两个按钮元件"上一题"和"下一题"拖到舞台右下角，摆放位置如图 7-45 所示。

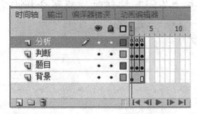

图 7-44　其他习题时间轴

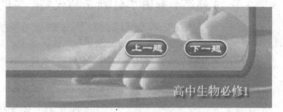

图 7-45　拖动按钮元件

3. 添加代码　先分别将"上一题"和"下一题"按钮命名为"btn_prev"和"btn_next"，并在"导航"图层中添加如图 7-46 所示的代码。

```
function goto_next(event:MouseEvent):void
{
 nextFrame();          //跳到下一帧
}
function goto_prev(event:MouseEvent):void
{
 prevFrame();          //跳到上一帧
}

btn_next.addEventListener(MouseEvent.CLICK,goto_next);
btn_prev.addEventListener(MouseEvent.CLICK,goto_prev);
```

图 7-46　添加代码

7.2.2　制作单选题

一个完整的课件，不仅有讲解部分，还应该有巩固练习。单选题是最常见的练习类型，通常有 4 个备选答案，其中只有一个选项是正确答案。在 Flash 课件中，单选题下面提供单选按钮，选择完成后进行提交，并能根据提交结果给出正确判断。

实例 4　电解水

本例对应九年级《化学》中一节内容，课件运行界面如图 7-47 所示。该课件用于演示电解水的一般过程。

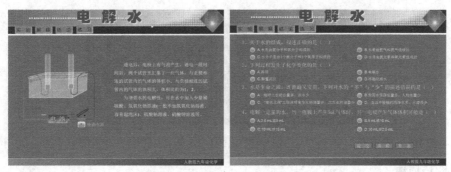

图 7-47 课件"电解水"效果图

在课件半成品的基础上,制作实验模块、解释模块、结论模块和练习模块,并添加相关的控制代码和功能代码。

跟我学

制作实验模块

> 实验模块里面包含实验装置图,展示了电解水的过程。在实验装置右侧,列出实验现象,供学生阅读。

1. **添加图层** 打开半成品课件"电解水(初).fla",在"背景"层上方添加一个"内容"图层。

2. **拖动元件** 从"库"面板中将影片剪辑"电解实验"拖到舞台左侧,单击工具箱中的"任意变形"工具,按图 7-48 所示操作,适当放大实例。

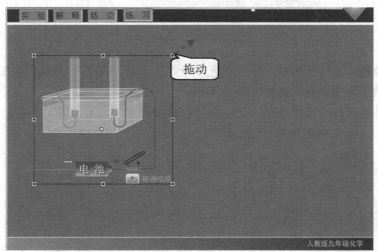

图 7-48 拖动元件

3. **输入文字** 在实验装置右侧输入实验说明文字,字体格式设置为"宋体、22 点、白色",效果如图 7-49 所示。

图 7-49　输入文字

制作解释模块

解释模块是宏观实验的微观解释,通过该解释过程,帮助学生理解电解实验的原理。

1. **添加关键帧**　在"内容"图层的第 2 帧按 F7 键,插入空白关键帧。
2. **新建"氧"元件**　插入一个图形元件,命名为"氧",按图 7-50 所示操作,选择"椭圆工具"。

图 7-50　新建"氧"元件

3. **设置颜色**　选择"窗口"→"颜色"命令,打开"颜色"面板,按图 7-51 所示操作,设置渐变颜色,并绘制一个圆形。
4. **新建其他元件**　继续添加"氢"和"电离后原子"图形元件,并在元件的舞台中绘制图形,效果如图 7-52 所示。

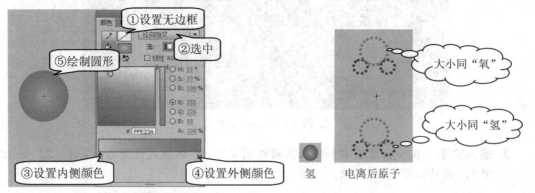

图 7-51　设置颜色　　　　　　　　图 7-52　新建其他元件

5. **新建影片剪辑** 新建一个"电解原理"影片剪辑,将"图层 1"命名为"说明",并按图 7-53 所示操作,设置好第 1 帧的舞台内容。

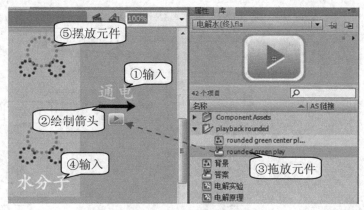

图 7-53 新建影片剪辑

6. **制作第 70 帧** 单击"说明"层的第 70 帧并按 F6 键,插入关键帧,并在舞台中输入文字说明,效果如图 7-54 所示。

图 7-54 制作第 70 帧

7. **制作"氧运动 1"图层** 新建图层"氧运动 1",从"库"面板中拖动元件"氧"到舞台,在第 70 帧插入关键帧并移动实例"氧"的位置,效果如图 7-55 所示。

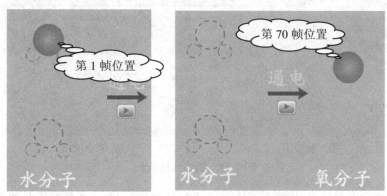

图 7-55 制作"氧运动 1"图层

8. **制作运动** 在"氧运动 1"图层的第 1 帧与第 70 帧之间右击,在弹出的快捷菜单中选择"创建传统补间"命令,制作运动渐变动画。
9. **添加引导图层** 右击图层"氧运动 1",在弹出的快捷菜单中选择"添加传统运动引导层"命令,添加引导层,按图 7-56 所示操作,在引导层上绘制一条曲线。

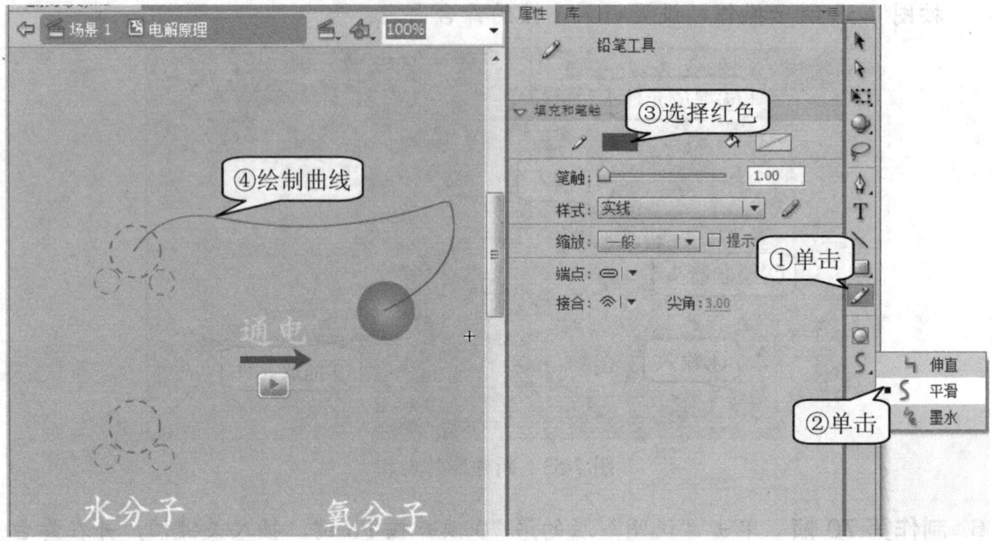

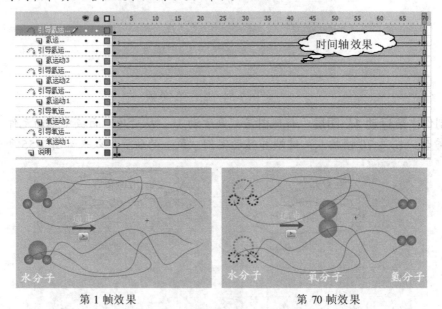

图 7-56 绘制引导线

10. **制作其他动画** 继续添加图层,参照"电解水(终).fla",制作其他原子的运动动画,时间轴和动画路径效果如图 7-57 所示。

图 7-57 制作其他动画

11. **设置名称** 单击选中舞台上的"播放"按钮 ,在"属性"面板中设置其名称为"btn_td"。

12. **添加控制代码** 在时间轴最上方添加"代码"图层,并在第 1 帧添加如图 7-58 所示的代码。

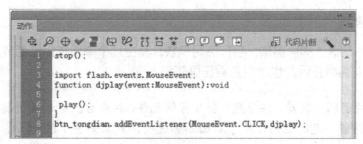

图 7-58 添加控制代码

13. **添加停止代码** 在"代码"图层的第 70 帧插入关键帧,并添加停止代码"stop();"。
14. **制作第 2 帧** 单击 场景 1 按钮返回场景 1,在"内容"层的第 2 帧插入空白关键帧,并按图 7-59 所示操作,制作舞台内容。

图 7-59 制作第 2 帧

制作结论模块

结论模块是通过宏观实验和微观解释后总结出来的,通过归纳可以进一步地了解电解实验的原理。

1. **输入文字** 在"内容"层的第 3 帧插入空白关键帧,并在舞台上输入文字,设置字体格式为"楷体、30 点、白色",效果如图 7-60 所示。
2. **设置段落格式** 按图 7-61 所示操作,设置文字的段落格式:行距为 8.0 点。

图 7-60 输入文字　　　　　　　图 7-61 设置段落格式

制作练习模块

新建"练习题"影片剪辑,制作练习模块,其由几个单项选择题组成,选择答案后可以通过提交判断正误,也可以查看正确答案。

1. **新建影片剪辑** 新建"练习题"影片剪辑元件,在舞台上输入4道题目的题干内容,每题之间留一定的空格,用于后面添加选项,效果如图7-62所示。

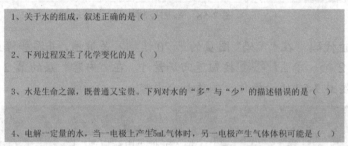

图 7-62　新建影片剪辑

2. **添加组件** 选择"窗口"→"组件"命令,打开"组件"面板,按图7-63所示操作,在第1题的题干下面添加4个单选组件。

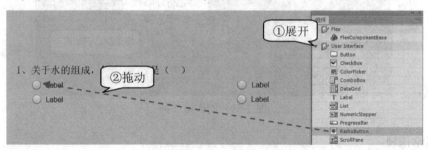

图 7-63　添加组件

3. **设置选项 A** 选择第1个组件,并打开"组件参数"面板,按图7-64所示操作,设置组件的相关属性。

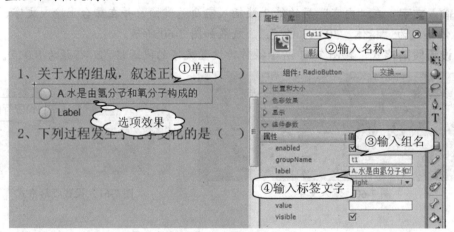

图 7-64　设置选项 A

第 7 章 制作常用 Flash 课件

4. 设置其他选项 继续设置选项 B、C 和 D 内容，将它们的 groupName 属性都设置为 "t1"，label 属性都设置成选项内容，其他属性及效果如图 7-65 所示。

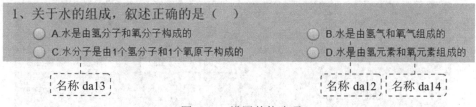

图 7-65 设置其他选项

5. 设置其他题目 参照第 1 题的制作方式，制作完成第 2、3、4 题，各属性值如图 7-66 所示。

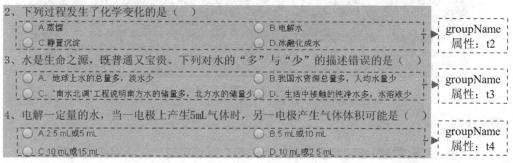

图 7-66 设置其他题目

6. 设置选项名称 设置第 2 题选项名称依次为 "da21、da22、da23、da24"，第 3 题选项名称依次为 "da31、da32、da33、da34"，第 4 题选项名称依次为 "da41、da42、da43、da44"。

7. 添加关键帧 单击 场景 1 按钮，在"内容"层的第 4 帧插入关键帧，从"库"中拖动影片剪辑"练习题"到舞台上。

8. 调整实例 选择"任意变形"工具，调整实例"练习题"的大小，并按图 7-67 所示操作，设置实例名称为"xzt"，色彩效果为"亮度"。

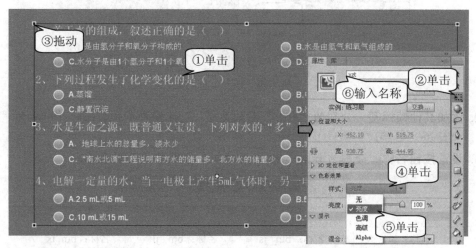

图 7-67 调整实例

201

9. **添加其他实例** 按图 7-68 所示标识，在"内容"层的第 4 帧的舞台上添加其他影片剪辑实例，并设置好对象名称。

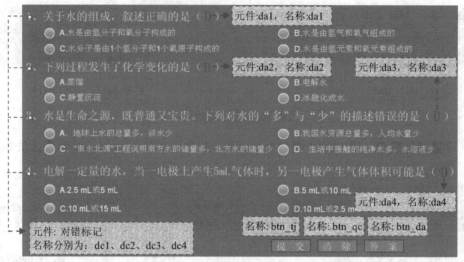

图 7-68 添加其他实例

添加代码

代码包括课件导航按钮所要实现的代码和选择题实现功能所需要的代码。

1. **添加帧标签** 按图 7-69 所示操作，为第 1 帧设置帧标签。

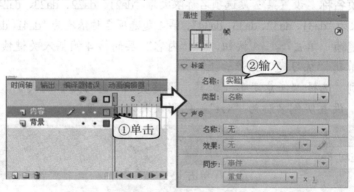

图 7-69 添加帧标签

2. **添加其他帧标签** 分别为"内容"层的第 2、3、4 帧添加帧标签，并命名为"解释""结论""练习"。

3. **设置按钮名称** 分别为如图 7-70 所示的 4 个导航按钮设置名称。

图 7-70 设置按钮名称

4. **添加控制代码** 在"内容"层上方添加"代码"图层,并在第1帧添加如图 7-71 所示的代码,以控制各模块之间的跳转。

图 7-71 添加控制代码

5. **添加练习代码** 在"代码"图层的第 4 帧插入一个关键帧,并添加如图 7-72 所示的代码,以控制教学模块之间的跳转。

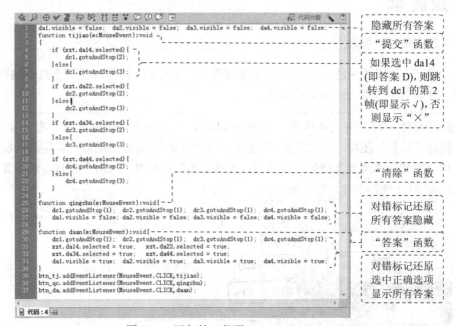

图 7-72 添加练习代码

7.2.3 制作多选题

标准测验题中的选择题题型包括单项选择题和多项选择题。多选题通常包括 4 个或 4 个以上的备选答案。单选题使用的是单选按钮,多选题使用的是复选按钮。同样,选择完成后进行提交,并能根据提交结果给出判断。

实例5　水资源——黄河

本例是八年级《地理》中一节内容，课件运行界面如图7-73所示。该课件分为"走进黄河""感悟黄河""了解黄河""治理黄河"和"练习"五个部分。

图7-73　课件"水资源——黄河"效果图

课件采用模块的形式组成，模块分别存放于影片剪辑中，在时间轴中插入关键帧，然后把相应的影片剪辑放置于对应的舞台，完成课件制作。

 跟我学

制作"走进黄河"模块

"走进黄河"模块的内容为一些文字和图片，这些文字和图片存放于时间轴不同帧的舞台上，用两个按钮实现前后跳转。

1. **新建元件**　打开半成品课件"黄河(初).fla"，新建一个"走进黄河"影片剪辑。
2. **制作"背景"图层**　将"图层1"重命名为"背景"，选择"矩形"工具，按图7-74所示操作，在舞台上绘制一个矩形，并从"库"面板中拖入两个按钮，设置名称。

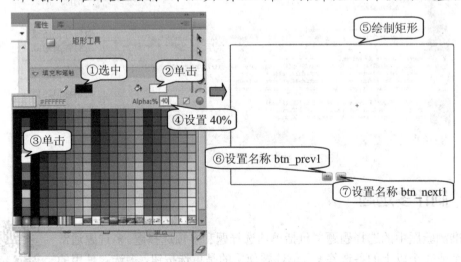

图7-74　制作"背景"图层

3. **延长帧**　在"背景"层的第3帧按F5键，插入普通帧。

4. **添加图层** 在"背景"层上方添加"内容"图层。
5. **制作第 1 帧** 在"内容"层第 1 帧的舞台上输入思考题,效果如图 7-75 所示,并按图中所示操作,对题目文字进行格式设置。

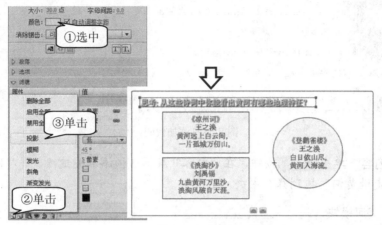

图 7-75 制作第 1 帧

6. **制作第 2 帧** 在"内容"层第 2 帧插入空白关键帧,按图 7-76 所示操作,输入文字并拖入图片素材。

图 7-76 制作第 2 帧

7. **制作第 3 帧** 在"内容"层第 3 帧插入关键帧,按图 7-77 所示操作,完成第 3 帧的制作。

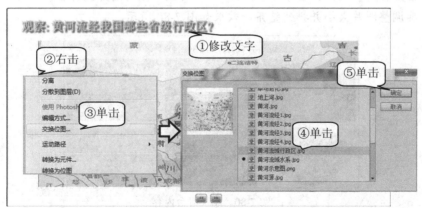

图 7-77 制作第 3 帧

8. **添加代码** 在"背景"层添加如图 7-78 所示的代码。

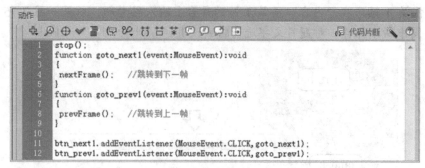

图 7-78 添加代码

9. **添加内容** 单击 场景1 按钮,在"内容"层第 2 帧添加关键帧,并将刚制作好的元件"走进黄河"拖到舞台中央。

> **制作感悟黄河模块**
>
> 该模块只有一帧,存放一行文字和几张图片,注意要适当调整图片的大小和位置,使得图片排放整齐。

1. **新建元件** 选择"插入"→"新建元件"命令,按图 7-79 所示操作,新建"感悟黄河"影片剪辑。

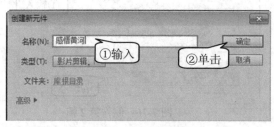

图 7-79 新建元件

2. **添加舞台内容** 添加思考文字,从"库"面板中拖动图片到舞台,使用"任意变形"工具调整图片大小并排列整齐,效果如图 7-80 所示。

图 7-80 添加舞台内容

3. **添加内容** 单击 场景1 按钮,选中"内容"层第 3 帧,按 F7 键添加空白关键帧,并将"库"面板中元件"感悟黄河"拖至舞台,调整到适当的位置。
4. **制作其他模块** 参照上述方法,制作完成"了解黄河"和"治理黄河"模块。

> **制作练习模块**
>
> "练习"模块是一套多项选择题,包括 4 个小题。利用组件中的多选按钮完成界面设置,然后再添加代码完成相应功能。

1. **输入题干** 新建"练习题"影片剪辑,在舞台上输入 4 个多选题的题干内容,效果如图 7-81 所示。

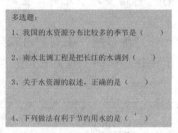

图 7-81 输入题干

2. **添加组件** 选择"窗口"→"组件"命令,打开"组件"面板,按图 7-82 所示操作,在第 1 题的题干下面添加 4 个复选组件。

图 7-82 添加组件

3. **设置选项 A** 选择第 1 个组件,并打开"组件参数"面板,按图 7-83 所示操作,设置组件的相关属性。

图 7-83 设置选项 A

4. **设置其他选项** 继续设置选项 B、C 和 D 的内容,把 label 属性值设置成选项内容,选项名称为 d12、d13、d14,效果如图 7-84 所示。

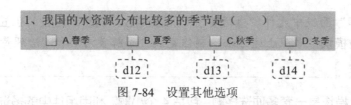

图 7-84 设置其他选项

5. **设置其他题选项** 设置其他题的 label 值后，第 2 题的 4 个选项名称依次为 "d21、d22、d23、d24"，第 3 题的 4 个选项名称依次为 "d31、d32、d33、d34"，第 4 题的 4 个选项名称依次为 "d41、d42、d43、d44"。
6. **复制元件** 直接复制一份 "感悟黄河" 元件，重新命名为 "多项选择"，删除 "内容" 层舞台上的内容。
7. **拖动元件** 将刚制作的元件 "练习题" 拖到 "内容" 层的舞台中央。
8. **调整对象** 按图 7-85 所示操作，选择 "任意变形" 工具，调整 "练习题" 对象的大小，并设置对象属性。

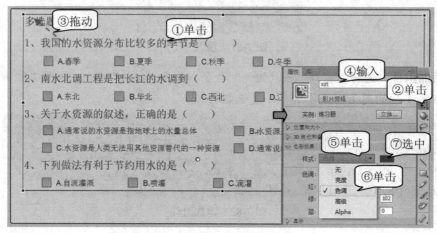

图 7-85 调整对象

9. **添加其他对象** 按图 7-86 所示的标识，在 "内容" 层上添加其他元件，并设置各实例名称。

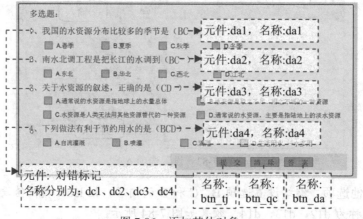

图 7-86 添加其他对象

10. **添加隐藏答案代码** 右击"内容"层的第 1 帧,选择"动作"命令,在打开的窗口中输入如图 7-87 所示的代码,使得运行在初始状态时正确答案都不显示。

```
da1.visible=false;
da2.visible=false;
da3.visible=false;
da4.visible=false;
```

图 7-87 添加隐藏答案代码

11. **添加提交代码** 继续在"动作"窗口中输入"提交"函数代码,代码和解释如图 7-88 所示。

```
function tijiao(e:MouseEvent):void {
    //如果da12与da13选中(即BC选中),并且da11与da14未选中(即AD未选中)
    if ( xzt.d12.selected && xzt.d13.selected && !xzt.d11.selected && !xzt.d14.selected) {
        dc1.gotoAndStop(2);        //跳转到dc1的第2帧(即显示√)
    } else{
        dc1.gotoAndStop(3);        //跳转到dc1的第3帧(即显示×)
    }
    //如果da22与da23选中(即BC选中),并且da21与da24未选中(即AD未选中)
    if ( xzt.d22.selected && xzt.d23.selected && !xzt.d21.selected && !xzt.d24.selected) {
        dc2.gotoAndStop(2);
    } else{
        dc2.gotoAndStop(3);
    }
    //如果da33与da34选中(即CD选中),并且da31与da32未选中(即AB未选中)
    if (xzt.d33.selected && xzt.d34.selected && !xzt.d31.selected && !xzt.d32.selected) {
        dc3.gotoAndStop(2);
    } else{
        dc3.gotoAndStop(3);
    }
    //如果da42、da43与da44都被选中(即BCD选中),并且da41未选中(即A未选中)
    if (xzt.d42.selected && xzt.d43.selected && xzt.d44.selected &&! xzt.d41.selected) {
        dc4.gotoAndStop(2);
    } else{
        dc4.gotoAndStop(3);
    }
}
```

图 7-88 添加提交代码

12. **添加清除代码** 继续在"动作"窗口中输入"清除"函数代码,将所有做的选择都清除,代码和解释如图 7-89 所示。

```
function qingchu(e:MouseEvent):void {
    //下面清除对错符号,还原到空白状态
    dc1.gotoAndStop(1);    dc2.gotoAndStop(1);    dc3.gotoAndStop(1);    dc4.gotoAndStop(1);
    //下面隐藏所有答案
    da1.visible=false;     da2.visible=false;     da3.visible=false;     da4.visible=false;
    //清除对第1题的所有选择
    xzt.d11.selected=false; xzt.d12.selected=false; xzt.d13.selected=false; xzt.d14.selected=false;
    //清除对第2题的所有选择
    xzt.d21.selected=false; xzt.d22.selected=false; xzt.d23.selected=false; xzt.d24.selected=false;
    //清除对第3题的所有选择
    xzt.d31.selected=false; xzt.d32.selected=false; xzt.d33.selected=false; xzt.d34.selected=false;
    //清除对第4题的所有选择
    xzt.d41.selected=false; xzt.d42.selected=false; xzt.d43.selected=false; xzt.d44.selected=false;
}
```

图 7-89 添加清除代码

13. **添加答案代码** 继续在"动作"窗口中输入"答案"函数代码,显示正确答案并在正确的选项上打勾,代码和解释如图 7-90 所示。

```
function daan(e:MouseEvent):void{
    //下面清除对错符号,还原到空白状态
    dc1.gotoAndStop(1);    dc2.gotoAndStop(1);    dc3.gotoAndStop(1);    dc4.gotoAndStop(1);
    //下面将第1题所有对的选项都设置为选中状态
    xzt.d11.selected=false; xzt.d12.selected=true; xzt.d13.selected=true; xzt.d14.selected=false;
    //下面将第2题所有对的选项都设置为选中状态
    xzt.d21.selected=false; xzt.d22.selected=true; xzt.d23.selected=true; xzt.d24.selected=false;
    //下面将第3题所有对的选项都设置为选中状态
    xzt.d31.selected=false; xzt.d32.selected=false; xzt.d33.selected=true; xzt.d34.selected=true;
    //下面将第4题所有对的选项都设置为选中状态
    xzt.d41.selected=false; xzt.d42.selected=true; xzt.d43.selected=true; xzt.d44.selected=true;
    //下面显示所有正确答案
    da1.visible=true;      da2.visible=true;      da3.visible=true;      da4.visible=true;
}
```

图 7-90 添加答案代码

14. **添加侦听代码**   继续在"动作"窗口中输入侦听函数代码,显示所有函数功能,代码效果如图 7-91 所示。

```
btn_tj.addEventListener(MouseEvent.CLICK,tijiao);
btn_qc.addEventListener(MouseEvent.CLICK,qingchu);
btn_da.addEventListener(MouseEvent.CLICK,daan);
```

图 7-91 添加侦听代码

15. **拖动元件**   单击"场景 1"按钮,在"内容"层的第 6 帧添加关键帧,并将刚制作好的元件"多项选择"拖到舞台中央。

7.2.4 制作填空题

填空题与判断题、选择题不一样,它不属于客观题,一般情况下,填空题的答案是不固定的。但是,答案具有唯一性的填空题可以用 Flash 制成课件,可以进行正误判断。

实例 6   人造卫星与宇宙速度

本例是人教版高中《物理》必修 2 中的一节内容,课件运行界面如图 7-92 所示。该课件分为"人造卫星""宇宙速度"和"练习"3 个部分,其中练习是以填空题呈现的。

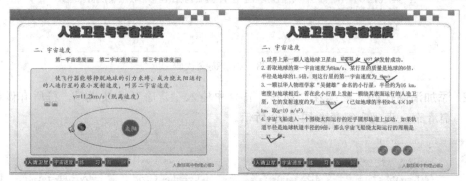

图 7-92 "人造卫星与宇宙速度"效果图

课件中"人造卫星"和"宇宙速度"两个部分为教学理论部分,"练习"是巩固课堂所学知识部分。3 个部分都以影片剪辑的形式独立存在。

 跟我学

制作人造卫星模块

"人造卫星"模块介绍了相关概念和公式,以及人造卫星绕地球旋转的演示动画。

1. **新建元件**   打开半成品课件"人造卫星与宇宙速度(初).fla",新建"卫星运动"影片剪辑元件。
2. **制作"地球"图层**   将"图层 1"重命名为"地球",从"库"面板中将图片"地球.png"和两个按钮元件拖到舞台,效果如图 7-93 所示,在第 150 帧按 F5 键插入普通帧。
3. **制作"卫星"图层**   在"地球"图层上方添加"卫星"图层。从"库"中拖动元件"卫星"到舞台,元件摆放位置如图 7-94 所示,在第 150 帧按 F6 键插入关键帧。

图 7-93 制作"地球"图层

图 7-94 制作"卫星"图层

4. **添加引导线** 按图 7-95 所示操作，在"卫星"层上方添加"引导线"图层，并在舞台上绘制一个圆。

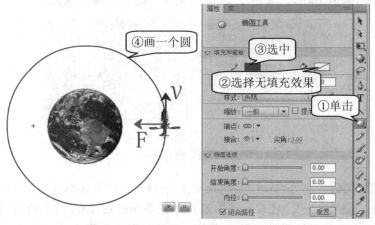
图 7-95 添加引导线

5. **制作"轨迹"图层** 在"卫星"层下方添加"轨迹"图层，单击"引导线"图层，按 Ctrl+C 键复制圆，再单击"轨迹"层，按 Ctrl+Shift+V 键将圆粘贴到当前位置。

6. **修改引导线** 按图 7-96 所示操作，隐藏"轨迹"和"卫星"图层，选中"引导线"图层的第 1 帧，使用"橡皮"工具 将引导线擦除出一个开口。

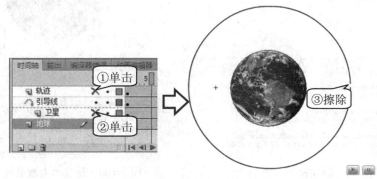
图 7-96 修改引导线

7. **调整卫星** 取消"卫星"层隐藏设置,按图 7-97 所示操作,将第 1 帧舞台上的"卫星"实例移到引导线开口的上端,第 150 帧的"卫星"实例移到引导线开口的下端。

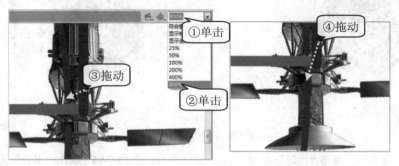

图 7-97 调整卫星

8. **制作动画** 在"卫星"层的第 1 帧与 150 帧之间右击,创建传统补间动画,还原舞台显示比例为 100%,按图 7-98 所示操作,设置动画的属性。

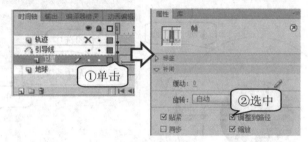

图 7-98 制作动画

9. **添加控制代码** 取消"轨迹"层隐藏属性,将舞台上两个按钮分别命名为"btn_play_wx"和"btn_pause_wx",在"地球"层第 1 帧添加如图 7-99 所示的代码。

10. **新建"人造卫星"元件** 新建"人造卫星"影片剪辑元件,按图 7-100 所示操作,制作完成第 1 帧内容。

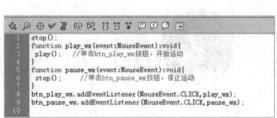

图 7-99 添加控制代码

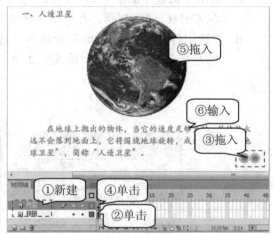

图 7-100 新建"人造卫星"元件

11. **制作第 2 帧** 在"按钮"层的第 3 帧插入普通帧。在"内容"层的第 2 帧插入空白关键帧,按图 7-101 所示操作,完成第 2 帧的制作。

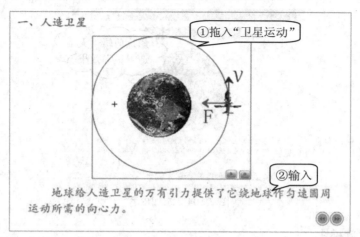

图 7-101 制作第 2 帧

12. **制作第 3 帧** 在"内容"层的第 3 帧插入空白关键帧,按图 7-102 所示操作,完成第 3 帧的制作。

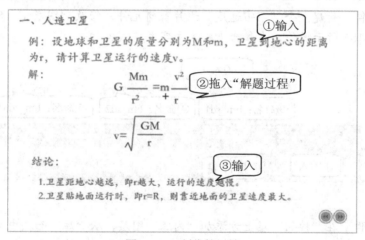

图 7-102 制作第 3 帧

13. **完成影片剪辑制作** 将舞台上的两个按钮分别命名为"btn_prev1"和"btn_next1",并在"按钮"层的第 1 帧输入如图 7-103 所示的控制代码。

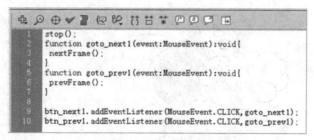

图 7-103 输入控制代码

14. **添加内容** 单击 场景1 按钮,在"内容"层第 2 帧添加关键帧,并将影片剪辑"人造卫星"拖到舞台中央,效果如图 7-104 所示。

图 7-104 添加内容

| 制作宇宙速度模块 |

宇宙速度包括"第一宇宙速度""第二宇宙速度"和"第三宇宙速度",这些速度存放在不同的影片剪辑中,通过对应的按钮显示出来。

1. **新建元件** 新建一个"宇宙速度"影片剪辑元件,修改"图层 1"名称为"按钮",按图 7-105 所示操作,在舞台上输入文字并拖入按钮。

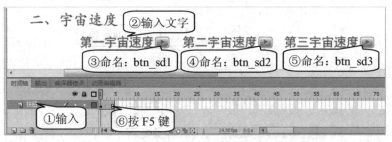

图 7-105 新建元件

2. **拖入元件** 在"按钮"层上方添加"内容"图层,从"库"面板中拖动 3 个宇宙速度元件到舞台中央,如图 7-106 所示。

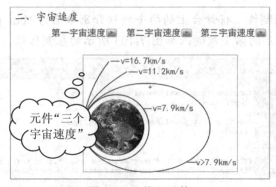

图 7-106 拖入元件

3. **交换元件** 在"内容"层的第 2 帧插入关键帧，按图 7-107 所示操作，替换舞台实例，并适当调整实例位置，放置在舞台中央。

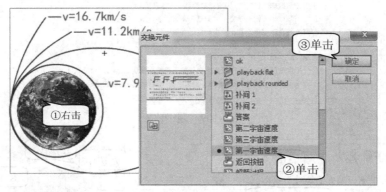

图 7-107 交换元件

4. **制作其他帧** 继续在"内容"层的第 3、4 帧插入关键帧，并将第 3 帧实例替换成"第二宇宙速度"，第 4 帧实例替换成"第三宇宙速度"。

5. **添加代码** 右击"按钮"层的第 1 帧，选择"动作"命令打开代码窗口，输入按钮控制代码，效果如图 7-108 所示。

```
stop();
function goto_2(event:MouseEvent):void{
    gotoAndStop(2);    //跳转到第2帧，显示"第一宇宙速度"
}
function goto_3(event:MouseEvent):void{
    gotoAndStop(3);    //跳转到第3帧，显示"第二宇宙速度"
}
function goto_4(event:MouseEvent):void{
    gotoAndStop(4);    //跳转到第4帧，显示"第三宇宙速度"
}

btn_sd1.addEventListener(MouseEvent.CLICK,goto_2);
btn_sd2.addEventListener(MouseEvent.CLICK,goto_3);
btn_sd3.addEventListener(MouseEvent.CLICK,goto_4);
```

图 7-108 添加代码

6. **添加内容** 单击 场景1 按钮，在"内容"层第 3 帧添加关键帧，并将舞台上的实例"人造卫星"替换成"宇宙速度"。

制作练习模块

本课件练习是 4 道填空题，与选择题和判断题不同的是，这类题目的答案必须是唯一的，答题内容与表达格式必须与参考答案一致才能判分。

1. **输入题干** 新建"填空题"影片剪辑，修改"图层 1"名称为"题目"，并在舞台上输入 4 道填空题的题干内容，效果如图 7-109 所示。

2. **添加文本框** 新建图层"输入答案"，按图 7-110 所示操作，在填空的位置添加一个输入文本框，并设置好文本框的属性。

二、宇宙速度

1. 世界上第一颗人造地球卫星由______在_____年发射成功。

2. 若取地球的第一宇宙速度为8km/s，某行星的质量是地球的6倍，半径是地球的1.5倍，则这行星的第一宇宙速度为______。

3. 一颗以华人物理学家“吴健雄”命名的小行星，半径约为16 km，密度与地球相近。若在此小行星上发射一颗绕其表面运行的人造卫星，它的发射速度约为_________。（已知地球的半径R=6.4×10³ km，取g=10 m/s²）

4. 宇宙飞船进入一个围绕太阳运行的近乎圆形轨道上运动，如果轨道半径是地球轨道半径的9倍，那么宇宙飞船绕太阳运行的周期是______年。

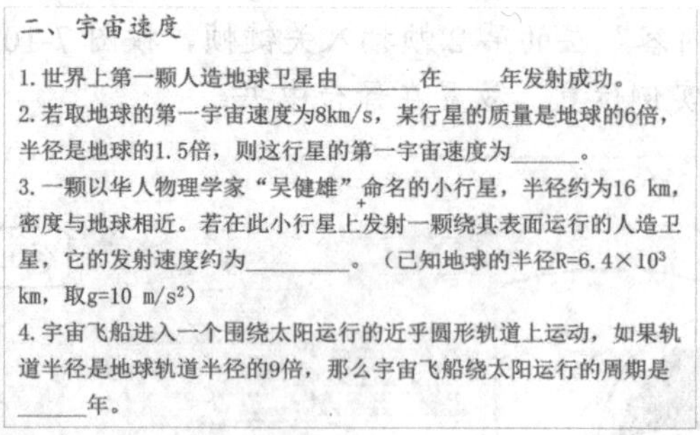

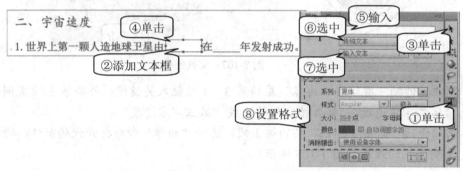

图 7-109　题干内容

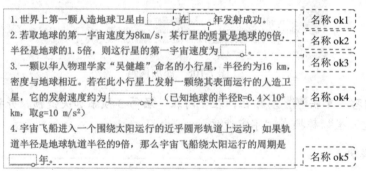

图 7-110　添加文本框

3. **添加其他文本框**　继续在其他需要填空的位置添加文本框，名称依次为“t2”“t3”“t4”和“t5”。

4. **添加判断信息**　在“输入答案”层上方添加“判断”图层，并在每个填空位置拖入影片剪辑“ok”，其名称分别为 ok1、ok2、ok3、ok4 和 ok5，如图 7-111 所示。

图 7-111　添加判断信息

5. **添加按钮**　在“判断”层上方添加“按钮”图层，并输入按钮名称，效果如图 7-112 所示。

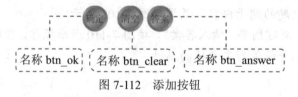

图 7-112　添加按钮

6. **添加提交代码** 在"按钮"层的第 1 帧,右击选择"动作"命令,在打开的代码窗口中输入"提交"函数代码,代码及解释如图 7-113 所示。

```
function my_ok(event:MouseEvent):void{
    if (t1.text=="前苏联"){      //如果第一个空填写的答案为"前苏联"
        ok1.gotoAndPlay(2)        //ok1跳转到第2帧(即显示√)
    }else{
        ok1.gotoAndPlay(3)        //ok1跳转到第2帧(即显示×)
    }
    if (t2.text=="1957"){         //如果第二个空填写的答案为"1957"
        ok2.gotoAndPlay(2)
    }else{
        ok2.gotoAndPlay(3)
    }
    if (t3.text=="4km/s"){        //如果第三个空填写的答案为"4km/s"
        ok3.gotoAndPlay(2)
    }else{
        ok3.gotoAndPlay(3)
    }
    if (t4.text=="19.75m/s"){     //如果第四个空填写的答案为"19.75m/s"
        ok4.gotoAndPlay(2)
    }else{
        ok4.gotoAndPlay(3)
    }
    if (t5.text=="27"){           //如果第五个空填写的答案为"27"
        ok5.gotoAndPlay(2)
    }else{
        ok5.gotoAndPlay(3)
    }
}
```

图 7-113　添加提交代码

7. **添加清除代码** 在"动作"窗口中继续输入"清除"函数代码,如图 7-114 所示,将所有输入的信息和判断信息清除。

```
function my_clear(event:MouseEvent):void{
    // 变量赋空值
    t1.text = "";  t2.text = "";  t3.text = "";  t4.text = "";  t5.text = "";
    ok1.gotoAndPlay(1)
    ok2.gotoAndPlay(1)
    ok3.gotoAndPlay(1)
    ok4.gotoAndPlay(1)
    ok5.gotoAndPlay(1)
}
```

图 7-114　添加清除代码

8. **添加答案代码** 在"动作"窗口中继续输入"答案"函数代码,如图 7-115 所示,显示正确答案并在正确的选项上打勾。

```
function my_answer(event:MouseEvent):void{
    t1.text = "前苏联";
    t2.text = "1957";
    t3.text = "4km/s";
    t4.text = "19.75m/s";
    t5.text="27"
}
```

图 7-115　添加答案代码

9. **添加侦听代码** 在"动作"窗口中继续输入侦听函数代码,如图 7-116 所示,显示所有函数功能。

```
stop();
btn_ok.addEventListener(MouseEvent.CLICK,my_ok);
btn_clear.addEventListener(MouseEvent.CLICK,my_clear);
btn_answer.addEventListener(MouseEvent.CLICK,my_answer);
```

图 7-116　添加侦听代码

10. **拖入元件** 单击"场景1"按钮,在"内容"层的第4帧添加关键帧,并将影片剪辑元件"填空题"拖到舞台中央。

7.3 制作游戏型课件

利用Flash可以制作从简单到复杂的各种类型游戏,也可以制作出精彩的游戏型课件。下面用两个案例进行介绍,包括"拖曳题"和"连线题"课件。

7.3.1 制作拖曳题

在Flash中,拖曳功能可以用于拼图游戏,当用在课件中时,可以用于实验仪器的组装,也可以用于拼图。

实例7 有趣的七巧板

本例是苏教版小学《数学》第三册内容,课件运行界面如图7-117所示。课件由三部分组成,分别为"认识七巧板""制作七巧板"和"七巧板拼图"。

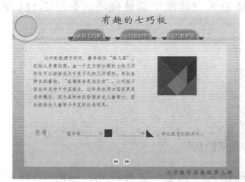

图7-117 课件"有趣的七巧板"效果图

课件采用模块的形式组成,3个模块制作成3个影片剪辑,分别放在场景一时间轴内容图层第2、3和4帧的舞台上。其中"七巧板拼图"是本课的重点内容,将在这个模板中实现拖曳功能,根据提示拖曳并拼接成有趣的图形。

 跟我学

制作认识七巧板

认识七巧板模块展示了一些由七巧板组成的图形,通过两个按钮实现翻页,方便快速浏览。

1. **新建元件** 打开半成品课件"有趣的七巧板(初).fla",新建影片剪辑元件"认识"。
2. **新建图层** 将"图层1"修改为"背景",再新建两个图层,名称分别为"内容"和

"按钮"。

3. **制作"背景"图层** 单击"背景"图层,从"库"面板中拖动元件"背景"到舞台中央,在第 4 帧按 F5 键,插入普通帧。
4. **制作"内容"图层** 单击"内容"层第 1 帧,按图 7-118 所示操作,在舞台上输入说明文字,从"库"中拖入元件到舞台。同样的方法,完成第 2、3、4 帧的制作。

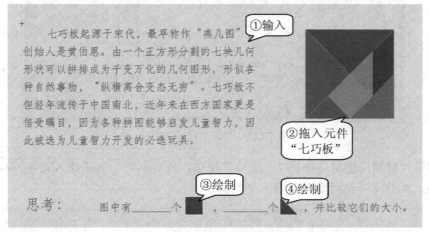

图 7-118 制作"内容"图层

5. **制作"按钮"图层** 从"库"中拖入两个按钮到舞台下方,设置名称分别为"btn_prev1"和"btn_next1",按图 7-119 所示操作,在"按钮"层的第 1 帧添加控制代码。

```
1  stop();
2  function goto_next1(event:MouseEvent):void{
3    nextFrame();
4  }
5  function goto_prev1(event:MouseEvent):void{
6    prevFrame();
7  }
8
9  btn_next1.addEventListener(MouseEvent.CLICK,goto_next1);
10 btn_prev1.addEventListener(MouseEvent.CLICK,goto_prev1);
```

图 7-119 制作"按钮"图层

制作七巧板的过程

模拟展示七巧板制作的过程,包括所用到的材料和每一步的操作过程。

1. **新建元件** 新建"制作"影片剪辑元件,并完成"背景""材料"和"步骤"图层的添加与重命名,效果如图 7-120 所示。
2. **制作"背景"图层** 按图 7-121 所示操作,为"背景"图层添加内容,在第 7 帧插入普通帧。

图 7-120 新建元件

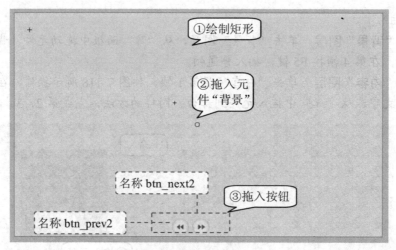

图 7-121 制作"背景"图层

3. **制作"材料"图层** 按图 7-122 所示操作,为"材料"图层输入文字,从"库"中拖入制作七巧板所需的材料元件到舞台。

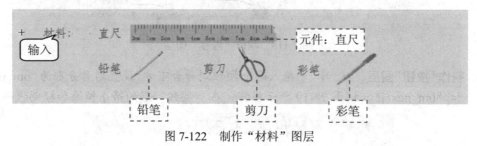

图 7-122 制作"材料"图层

4. **制作"步骤"层第 1 帧** 在"步骤"层的第 1 帧中输入制作七巧板的第 1 步方法文字,并在右侧绘制一个正方形,效果如图 7-123 所示。

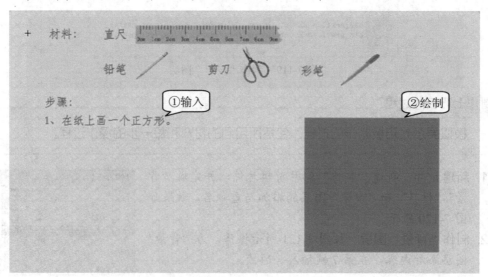

图 7-123 制作"步骤"层第 1 帧

5. **制作"步骤"层第 2 帧** 在"步骤"层的第 2 帧插入关键帧,并按图 7-124 所示操作,添加一行文字,并在正方形上画一条直线。

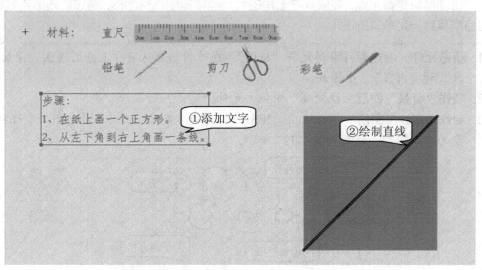

图 7-124 制作"步骤"层第 2 帧

6. **制作"步骤"层其他帧** 与步骤 5 同样的方法,继续添加,完成"步骤"图层其他帧的内容,最终效果如图 7-125 所示。

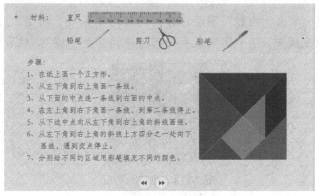

图 7-125 制作"步骤"层其他帧

7. **添加控制代码** 右击"背景"层的第 1 帧,选择"动作"命令,打开代码编辑窗口,添加如图 7-126 所示的控制代码。

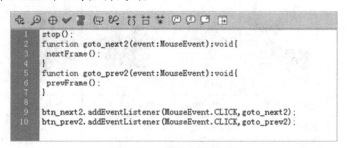

图 7-126 添加控制代码

制作拼图模块

拼图模块是重难点,要求从左上角的七巧板中拖出几何图形,通过旋转的方式重新组合成具有一定意义的图形。

1. **新建元件** 新建影片剪辑元件"拼图",在时间轴上从下往上分别建立"背景""底纹"和"内容"3个图层。
2. **制作"背景"图层** 从"库"中拖入元件"背景"到舞台中央。
3. **制作"底纹"图层** 综合运用"矩形"工具和"直线"工具在舞台上绘制课件所需要的底纹图形,效果如图7-127所示。

图7-127 绘制"底纹"图层

4. **组装七巧板** 单击"内容"图层,分别拖入元件a、b、c、d、e、f和g到舞台左上角的七巧板底纹中,7个实例代表七巧板中的7个"块",效果如图7-128所示。

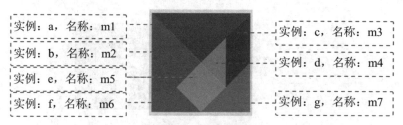

图7-128 组装七巧板

5. **制作图片提示** 分别将元件"山羊""鸵鸟"和"房子"拖到舞台中,按图7-129所示对每个实例进行命名,然后再拖到提示框中。

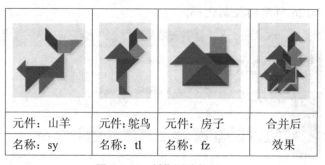

图7-129 制作图片提示

6. **添加动态文本框** 按图 7-130 所示操作，在标题下方插入一行动态文本框，并命名为"tishi"。

图 7-130 添加动态文本框

7. **添加按钮** 从"库"面板中拖动几个按钮到舞台中，效果如图 7-131 所示。

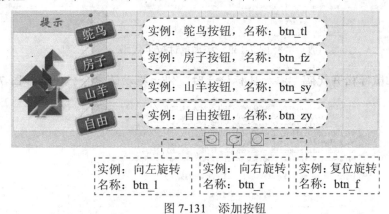

图 7-131 添加按钮

8. **添加初始代码** 在"内容"层第 1 帧右击，选择"动作"打开代码窗口，输入代码，利用变量记录每块"板"的坐标值和初始角度，代码如图 7-132 所示。

```
//默认将舞台上的"山羊"和"房子"实例都隐藏，显示"鸵鸟"实例
sy.visible=false;
fz.visible=false;

var select:String;       //select用于确定单击了七巧板中的哪个对象

//定义变量，存储七巧板中每块板子的初始坐标
var m1_x,m1_y,m2_x,m2_y,m3_x,m3_y,m4_x,m4_y,m5_x,m5_y,m6_x,m6_y,m7_x,m7_y:Number;
m1_x=m1.x;   m1_y=m1.y;
m2_x=m2.x;   m2_y=m2.y;
m3_x=m3.x;   m3_y=m3.y;
m4_x=m4.x;   m4_y=m4.y;
m5_x=m5.x;   m5_y=m5.y;
m6_x=m6.x;   m6_y=m6.y;
m7_x=m7.x;   m7_y=m7.y;

//定义变量，存储七巧板中每块板子的初始角度
var m1_r,m2_r,m3_r,m4_r,m5_r,m6_r,m7_r:Number;
m1_r=m1.rotation;
m2_r=m2.rotation;
m3_r=m3.rotation;
m4_r=m4.rotation;
m5_r=m5.rotation;
m6_r=m6.rotation;
m7_r=m7.rotation;
```

图 7-132 添加初始代码

9. **添加鼠标按下代码** 添加按下鼠标时可以进行拖曳的指令代码，如图 7-133 所示。

```
m1.addEventListener(MouseEvent.MOUSE_DOWN, go_m1);  //给m1加一个当鼠标按下去的侦听
m2.addEventListener(MouseEvent.MOUSE_DOWN, go_m2);  //同理
m3.addEventListener(MouseEvent.MOUSE_DOWN, go_m3);  //同理
m4.addEventListener(MouseEvent.MOUSE_DOWN, go_m4);  //同理
m5.addEventListener(MouseEvent.MOUSE_DOWN, go_m5);  //同理
m6.addEventListener(MouseEvent.MOUSE_DOWN, go_m6);  //同理
m7.addEventListener(MouseEvent.MOUSE_DOWN, go_m7);  //同理
function go_m1(e:Event):void {
        e.currentTarget.startDrag();    //鼠标按下去的函数
        select="m1";                    //当前按下去的目标可以拖拽
}
function go_m2(e:Event):void {
        e.currentTarget.startDrag();    //鼠标按下去的函数
        select="m2";                    //当前按下去的目标可以拖拽
}
function go_m3(e:Event):void {
        e.currentTarget.startDrag();    //鼠标按下去的函数
        select="m3";                    //当前按下去的目标可以拖拽
}
function go_m4(e:Event):void {
        e.currentTarget.startDrag();    //鼠标按下去的函数
        select="m4";                    //当前按下去的目标可以拖拽
}
function go_m5(e:Event):void {
        e.currentTarget.startDrag();    //鼠标按下去的函数
        select="m5";                    //当前按下去的目标可以拖拽
}
function go_m6(e:Event):void {
        e.currentTarget.startDrag();    //鼠标按下去的函数
        select="m6";                    //当前按下去的目标可以拖拽
}
function go_m7(e:Event):void {
        e.currentTarget.startDrag();    //鼠标按下去的函数
        select="m7";                    //当前按下去的目标可以拖拽
}
```

图 7-133　添加鼠标按下代码

10. 添加鼠标松开代码　添加鼠标松开时，停止拖动的命令代码，如图 7-134 所示。

```
m1.addEventListener(MouseEvent.MOUSE_UP, go_up);  //给m1加一个当鼠标抬起来的侦听
m2.addEventListener(MouseEvent.MOUSE_UP, go_up);  //同理
m3.addEventListener(MouseEvent.MOUSE_UP, go_up);  //同理
m4.addEventListener(MouseEvent.MOUSE_UP, go_up);  //同理
m5.addEventListener(MouseEvent.MOUSE_UP, go_up);  //同理
m6.addEventListener(MouseEvent.MOUSE_UP, go_up);  //同理
m7.addEventListener(MouseEvent.MOUSE_UP, go_up);  //同理

function go_up(e:Event):void  //鼠标抬起来的函数
{
        e.currentTarget.stopDrag();   //当前抬起来的目标不可以拖拽
}
```

图 7-134　添加鼠标松开代码

11. 添加旋转代码　继续添加代码，当按下鼠标时，通过 select 记录选择对象的名称，由该名称确定需要旋转的对象，代码如图 7-135 所示。

```
btn_l.addEventListener(MouseEvent.CLICK,go_l);
function go_l(event:MouseEvent):void{
    switch(select){
        case "m1":    //若前面记录了select=m1, 即单击了"板"m1
            m1.rotation-=45;  //m1向左旋转45度
            break;
        case "m2":
            m2.rotation-=45;
            break;
        case "m3":
            m3.rotation-=45;
            break;
        case "m4":
            m4.rotation-=45;
            break;
        case "m5":
            m5.rotation-=45;
            break;
        case "m6":
            m6.rotation-=45;
            break;
        case "m7":
            m7.rotation-=45;
            break;
    }
}
```

```
btn_r.addEventListener(MouseEvent.CLICK,go_r);
function go_r(e:MouseEvent):void{
    switch(select){
        case "m1":
            m1.rotation+=45;
            break;
        case "m2":
            m2.rotation+=45;
            break;
        case "m3":
            m3.rotation+=45;
            break;
        case "m4":
            m4.rotation+=45;
            break;
        case "m5":
            m5.rotation+=45;
            break;
        case "m6":
            m6.rotation+=45;
            break;
        case "m7":
            m7.rotation+=45;
            break;
    }
}
```

向左旋转　　　　　　　　　　　　向右旋转

图 7-135　添加旋转代码

12. **添加复位代码** 课件运行时，七巧板中每块"板"都有初始的位置和旋转角度，复位是将变动过的位置和角度还原到初始状态，代码如图 7-136 所示。
13. **添加提示代码** 为"鸵鸟""房子"和"山羊"按钮添加代码，以显示对应的图案和提示文字。单击"自由"按钮时，隐藏所有图案，代码如图 7-137 所示。

图 7-136 添加复位代码　　　　　　　图 7-137 添加提示代码

14. **拖入元件** 单击"场景 1"按钮，在"内容"层的第 2、3、4 帧插入空白关键帧，分别将影片剪辑"认识""制作"和"拼图"拖到第 2、3、4 帧的舞台中。

7.3.2　制作连线题

连线题就是教学中经常使用的连线匹配题，将选项和被选项中的两者连接起来，当所有连线都完成之后，在提交时给出正确的判断结果。

实例 8　认识化学仪器

本例是人教版九年级《化学》上册内容，课件运行界面如图 7-138 所示。第一部分是介绍常用的化学仪器；第二部分是复习所学知识，通过单击化学仪器的名称下面和图形上面的连接点，可以实现连线。

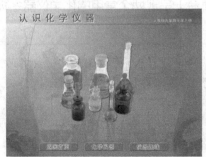
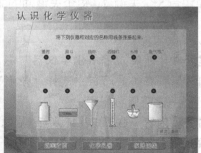

图 7-138 课件"认识化学仪器"效果图

课件中"仪器连接"是重点内容，在模板中实现连线功能。在代码编写中，先将所有题目进行初始化操作，选项和被选项都存储在数组中，再用一个变量记录每个选项是否都连接了，只有当所有选项都连接完成后，才可以提交进行判断。

 跟我学

制作封面

本课件封面内容制作比较简单，添加"内容"图层，在其第 1 帧的舞台上添加一个"仪器"图片。

1. **新建图层** 打开半成品课件"认识化学仪器(初).fla"，新建图层，重命名为"内容"。
2. **拖入图片** 从"库"面板中拖入图片"仪器.png"到舞台中央，并按图 7-139 所示操作，调整图片大小。

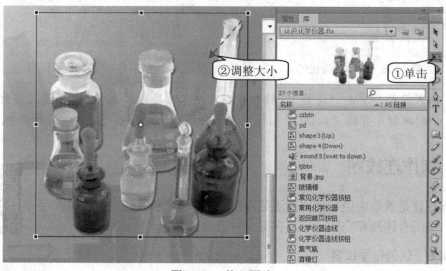

图 7-139 拖入图片

制作"化学仪器"

该模块有 5 个关键帧，每个关键帧的舞台上呈现两个常用的化学仪器名称、用途和图像。

1. **新建元件** 新建"常用化学仪器"影片剪辑元件，将"图层1"命名为"背景"。
2. **添加背景** 在工具面板中选择"矩形"工具，再按图 7-140 所示操作，在舞台上绘制一个半透明圆角矩形。
3. **添加背景内容** 按图 7-141 所示操作，在舞台上输入文字，从"库"面板中拖入两个按钮到舞台右下角，并在"属性"面板中设置相应的名称。

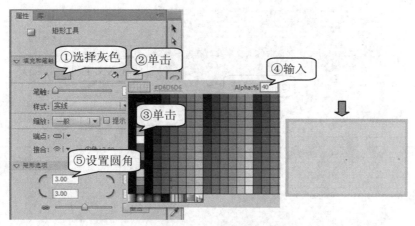

图 7-140　添加背景

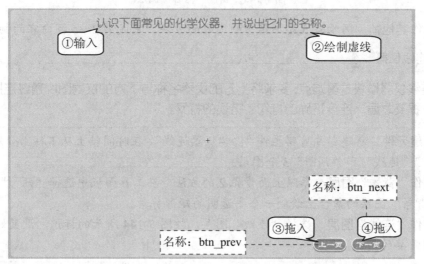

图 7-141　添加内容

4. **添加代码**　右击"背景"层的第 1 帧，在弹出的快捷菜单中选择"动作"命令，在打开的代码窗口中添加如图 7-142 所示的代码。

```
1  stop();
2  function goto_next(event:MouseEvent):void{
3    nextFrame();
4  }
5  function goto_prev(event:MouseEvent):void{
6    prevFrame();
7  }
8
9  btn_next.addEventListener(MouseEvent.CLICK,goto_next);
10 btn_prev.addEventListener(MouseEvent.CLICK,goto_prev);
```

图 7-142　添加代码

5. **制作"内容"图层**　添加"内容"图层，按图 7-143 所示操作，在第 1 帧的舞台上输入仪器名称和用途，并从"库"面板中拖动图片到舞台相应位置。

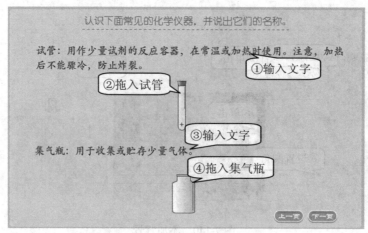

图 7-143 制作"内容"图层

6. **制作其他帧** 同步骤 5 添加第 1 帧内容的方法,完成第 2～5 帧内容的制作。

> **制作连线仪器**
>
> 连线仪器模块是重难点,要求将上方的仪器名称与下方的仪器图片通过连接点连接起来,提交之后,连接正确的打勾,错误的打叉。

1. **新建元件** 新建影片剪辑元件"化学仪器连线",在时间轴上从下往上分别建立"背景""连线"和"判断" 3 个图层。
2. **制作"背景"图层** 参照上面步骤 2 的方法,在工具面板中选择"矩形"工具,在"背景"图层的舞台上绘制一个半透明的矩形背景。
3. **制作"连线"图层** 选择"连线"图层,按图 7-144 所示的标识,设置好舞台中所有需要的实例。

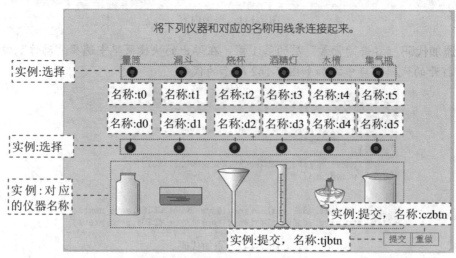

图 7-144 制作"连线"图层

4. **制作"判断"图层** 选择"判断"图层,在每个答案选项上都放置一个"判断"实例，效果如图 7-145 所示。

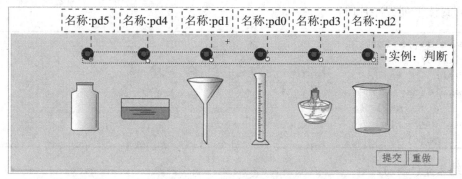

图 7-145 制作"判断"图层

5. **添加代码** 右击"连线"层的第 1 帧，在弹出的快捷菜单中选择"动作"命令，在打开的代码窗口中添加的代码参照光盘实例，实现连线功能。
6. **拖入元件** 单击"场景 1"按钮，参照光盘实例，在"内容"层第 2、3 帧插入空白关键帧，将影片剪辑"常用化学仪器"和"化学仪器连线"拖到相应帧的舞台上。

7.4 小结和习题

7.4.1 本章小结

在前面的章节中，已经介绍了 Flash 课件制作的一些基本技能。本章分类型地介绍了几种常用 Flash 课件实例，具体内容包括以下几个方面。
- 制作实验型课件：主要介绍教材中的一些实验类型课件，包括演示实验和模拟实验。
- 制作测验型课件：测验型课件主要是一些利用 Flash 软件制作的习题，包括判断题、单选题、多选题和填空题等几种常见类别的练习。
- 制作游戏型课件：这里的游戏型课件是指一些趣味性比较强的课件，如拖曳题和连线题等。

7.4.2 强化练习

1. 选择题

(1) 阅读下列程序片段，

```
var num:int=1;
if(num=2)
trace(num);
```

输出的结果是(   )。

A. 0   B. 1   C. 2   D. 无输出结果

(2) 阅读下列程序片段，

```
var day,n:int;
day=6;
n=1;
while(day>=1)
    { n=(n+1)*2;
     day--;}
trace(n);
```

输出的结果是(   )。

A. 94   B. 190   C. 95   D. 191

(3) 阅读下列程序片段，

```
var i:int;
var sum_odd:int=0;
var sum_even:int=0;
for(i = 1;i<=100;i++){
    if(i%2==0)
        sum_even += i;
    else
        sum_odd += i;
}
trace(sum_odd,sum_even);
```

输出的结果是(   )。

A. 2500 2500   B. 2500 2550   C. 2550 2500   D. 2550 2550

(4) 阅读下列程序片段，

```
function maxNum(a:int,b:int,c:int):int{
var max:int;
if(a>b)
    max=a;
else
    max=b;
if(max<c)
    max=c;
    return(max);
}
var m:int;
m=maxNum(23,78,45);
trace(m);
```

输出的结果是(   )。

A. 23,78,45   B. 23   C. 78   D. 45

(5) 阅读下列程序片段，

```
var a:int=3;
var b:int=6;
function test(a:int,b:int):void{
a++;
b++;
trace(a,b);
}
test(a,b);
trace(a,b);
```

输出的结果是(　　)，为(　　)。

  A. 3 6　3 6　　　　B. 3 6　4 7　　　　C. 4 7　3 6　　　　D. 4 7　4 7

(6) 阅读下列程序片段，

```
var obj:Object={name:"张三",age:20,dclass:"动漫1班"};
function stuInfo(obj1:Object):void
{
    obj1.name="李四";
    trace(obj1.name);
}
stuInfo(obj);
trace(obj.name);
```

输出的结果是(　　)。

  A. 张三　张三　　B. 张三　李四　　C. 李四　张三　　D. 李四　李四

(7) 阅读下列程序片段，

```
var arr1:Array=new Array(2);
arr1.push("abcd");
trace(arr1.length);
```

输出的结果是(　　)。

  A. 1　　　　　　B. 2　　　　　　C. 3　　　　　　D. 4

(8) 制作测验题模板课件时，要想调整各个题型中的参数，必须使用的面板是(　　)。

  A. 属性　　　　B. 组件　　　　C. 组件检查器　　D. 滤镜

(9) 位于 User Interface 下的 RadioButton 常常用来制作选项按钮的题型是(　　)。

  A. 判断题和多项选择题　　　　　B. 单项选择题和多项选择题

  C. 判断题和单项选择题　　　　　D. 连线题

(10) 在实时显示测验题课件的反馈信息时，要用到一个功能强大且使用灵活的对象，它是(　　)。

  A. 输入文本　　B. 静态文本　　C. 动态文本　　D. 元件实例

2. 判断题

(1) 在 Flash 的 ActionScript 中，"if" 语句的作用是"当某条件成立时"。　　　　(　　)

(2) 为了避免课件的循环播放，一般需要在整个动画的最后一帧加上"停止"动画，用于定义它的脚本是"stop()"。　　　　　　　　　　　　　　　　　　（　）

(3) 在 Flash 中，要实现交互功能，必须要用代码来实现。　　　　　　　（　）

(4) 为某帧设置了 gotoAndPlay(1)动作命令，表示跳转到第 1 帧，并播放。（　）

第 8 章

制作 Flash 课件实例

前面的章节从多个方面介绍了使用 Flash 制作课件的方法和技巧，限于篇幅，其中的实例大多没有完整介绍制作过程，为了能综合前面所学知识，下面以课件"电生磁"为例，介绍制作完整的 Flash 课件的方法，希望读者能够举一反三，制作出精美实用的课件。

该课件是义务教育课程标准试验教科书八年级《物理》下册第九章"电与磁"部分，整个课件包括"演示""探究""安培定则"和"练习"4 个部分。制作时，首先制作了多个图形元件、影片剪辑、按钮元件，然后集成到主场景中，通过代码控制，将元件有机组合起来而成为一个完整的课件。由于篇幅限制和课件中有许多重复的操作，因此部分影片剪辑和图形元件的制作，请读者参照光盘中的实例完成。

本章内容

- 制作课件开头
- 制作课件主体
- 完善、导出和评价课件

8.1 制作课件开头

制作一个完整的课件，首先要对课件进行规划，如版面、交互、内容的设计等，再对规划进行细化，具体到课件的制作。

8.1.1 规划分析课件

制作课件前，先要对课件进行规划，分析课件的组成。制作时，首先要了解课件的组成，确定课件的风格，再细化课件内容，搜集课件素材。

课件"电生磁"是华东版九年级《物理》上册第十五章"电磁铁与自动控制"第2节的内容，课件开头效果如图8-1所示。

课件"电生磁"在布局时分上、中、下3个部分，上、下两个部分显示课件的标题、菜单、制作等信息，中间部分显示课件的主体内容。

图 8-1 课件"电生磁"开头

跟我学

了解课件的组成

打开"电生磁(终).swf"，欣赏课件，了解该课件的组成和风格特点。

1. **打开课件** 打开光盘实例文件夹，双击"电生磁(终).swf"文件，欣赏课件，了解课件开头的组成，效果如图8-2所示。

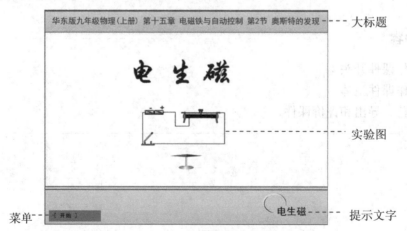

图 8-2 打开课件

2. **查看"菜单"** 移动鼠标指针到 [开始] 区域，显示课件主体由"演示""探究""安培定则"和"练习"4个模块组成，显示效果如图8-3所示。

3. **查看"演示"** 选择菜单"演示"命令，单击 按钮，查看实验效果如图8-4所示。单击 按钮可以改变电流方向，单击 按钮可以查看电流的磁效应的定义。

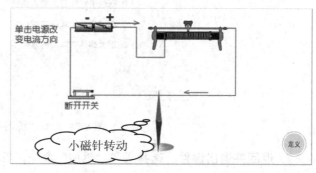

图8-3 查看"菜单"　　　　　　　　图8-4 查看"演示"

4. **查看"探究"** 选择菜单"探究"命令，单击 按钮，显示通电螺丝管的磁场，单击 显示隐藏磁力线按钮可以显示磁力线，效果如图8-5所示。

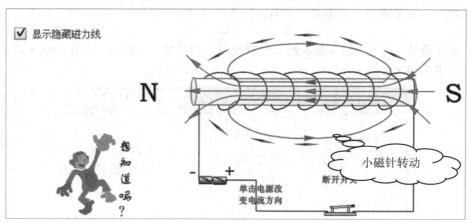

图8-5 查看"探究"

5. **查看"安培定则"** 选择菜单"安培定则"命令，显示安培定则的效果如图8-6所示。

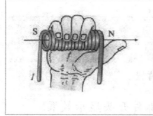

图8-6 查看"安培定则"

6. **查看"练习"** 选择菜单"练习"命令，显示练习(1)的效果如图 8-7 所示，单击一个选项，再单击 批改 按钮，可以显示练习结果，单击 下一题 按钮显示下一题题目。

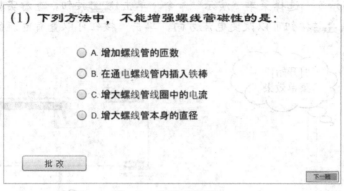

图 8-7 查看"练习"

7. **返回并退出课件** 选择菜单"返回"命令，显示课件开头，选择菜单"退出"命令，关闭课件。

设计课件

课件开头一般是由背景、主题文字、主题图片和导航等要素构成的，这里导航是以"菜单"方式呈现的。根据教学内容设计课件主体。

1. **设计背景** 运行 Photoshop 图像处理软件，制作宽为 640px、高为 480px 的背景图，效果如图 8-8 所示。

图 8-8 设计背景

2. **布局课件开头** 按图 8-9 所示布局，规划课件开头显示效果。

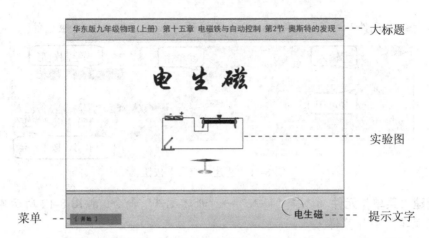

图 8-9 布局课件开头

3. **规划课件菜单**　根据课件内容设计课件"[开始]"菜单的结构，效果如图 8-3 所示。
4. **规划课件主体**　根据教学内容设计课件主体的结构，具体分为"演示""探究""安培定则"和"练习"4 个模块。具体效果查看光盘课件实例。

8.1.2　制作课件导航

课件导航用于控制呈现教学内容，以帮助使用者控制学习流程。课件导航形式常见的有列表式菜单和弹出式菜单，本课件采用弹出式菜单，如图 8-10 所示。

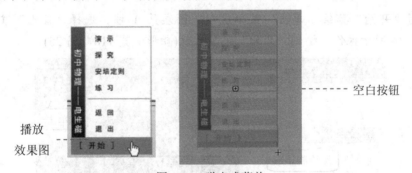

图 8-10 弹出式菜单

播放课件可以发现，鼠标移到菜单上，菜单弹出；鼠标移出菜单，菜单隐藏。制作时可制作 2 帧，第 1 帧为菜单隐藏的状态，第 2 帧为菜单弹出的状态。

 跟我学

> **制作菜单底纹文字**
>
> 　　新建"菜单"影片剪辑，创建图层，绘制菜单底纹，并输入菜单中的文字，完成菜单的制作。

1. 新建"空白"按钮　打开已导入相关素材的"电生磁(初).fla"文件，选择"插入"

→ "新建元件"命令，按图8-11所示操作，新建"空白"按钮元件。

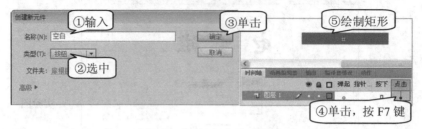

图 8-11　新建"空白"按钮

2. **新建"菜单"元件**　选择"插入"→"新建元件"命令，按图8-12所示操作，新建"菜单"影片剪辑。

3. **创建图层**　单击"图层"面板中的"新建图层"按钮，创建如图8-13所示的6个图层。

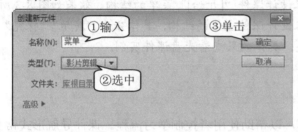 

图 8-12　新建"菜单"元件　　　　　图 8-13　创建图层

4. **设置"开始"菜单**　单击"菜单底纹"图层第1帧，选择"矩形"工具，按图8-14所示操作，绘制"开始"菜单底纹(矩形：宽118，高25)。

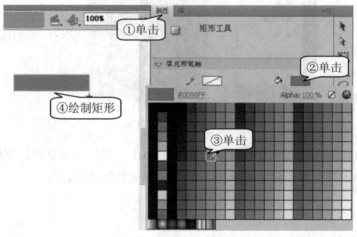

图 8-14　绘制"开始"菜单

5. **插入关键帧**　单击"菜单底纹"图层第2帧，按F6键，插入关键帧。

6. **绘制矩形**　单击"矩形"工具，打开"颜色"面板，按图8-15所示操作，设置填充颜色并绘制矩形。

7. **完善菜单背景**　使用"线条"工具，完善菜单背景，效果如图8-16所示。

第 8 章 制作 Flash 课件实例

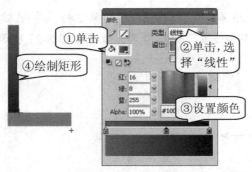
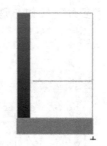

图 8-15 绘制矩形　　　　　　　　图 8-16 完善菜单背景

8. **输入菜单文字**　单击"菜单文字"层的第 1 帧,单击"文本"工具,按图 8-17 所示操作,输入菜单文字"[开始]"。

9. **制作菜单文字层**　单击"菜单文字"层的第 2 帧,按 F6 键插入关键帧,单击 T 按钮插入文本框,并输入如图 8-18 所示的文字,格式参照光盘实例。

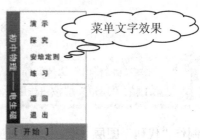

图 8-17 输入菜单文字　　　　　　图 8-18 制作菜单文字层

制作菜单按钮

在"菜单"影片剪辑中,分别在"菜单按钮"层、"遮罩"层、"鼠标移出"层插入按钮并进行命名。

1. **创建"[开始]"按钮**　选中"菜单按钮"层的第 1 帧,按图 8-19 所示操作,拖入"空白"按钮,命名为 cd01_an。

2. **制作其他按钮**　单击"菜单按钮"层的第 2 帧,按 F7 键插入空白关键帧。用同样的方法,将"空白"按钮拖到菜单文字上,调整大小并命名,效果如图 8-20 所示。

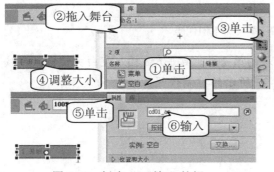
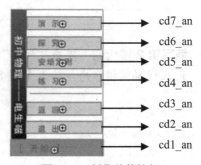

图 8-19 创建"[开始]"按钮　　　　图 8-20 制作其他按钮

3. 制作其他层按钮 分别单击"遮罩""鼠标移出"层的第 2 帧,按 F6 键插入关键帧,拖入"空白"按钮,调整大小和位置,分别命名,效果如图 8-21 所示。

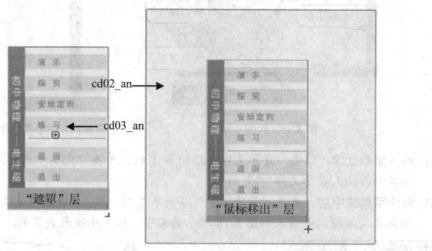

图 8-21 制作其他层按钮

"鼠标移出"层按钮作用:课件播放时,当鼠标移到该按钮上,隐藏菜单,即转到第 1 帧。"遮罩"层按钮作用:遮住菜单部分,不受"鼠标移出"作用影响。

制作"代码"图层

在"菜单"影片剪辑中,分别在"代码"层第 1、2 帧编写代码,控制菜单按钮的跳转。

1. 编写第 1 帧代码 单击"代码"层的第 1 帧,按 F9 键进入代码编辑状态,输入如图 8-22 所示的控制代码。

```
stop();//停止播放
cd01_an.addEventListener(MouseEvent.MOUSE_OVER,cd01);
                        //侦听"开始"按钮是否有鼠标移上
function cd01(Event:MouseEvent)
{
    gotoAndStop(2);     //鼠标移上,则跳转到"菜单"影片剪辑的第2帧
}
```

图 8-22 编写第 1 帧代码

2. 编写第 2 帧代码 单击"代码"层的第 2 帧,按 F7 键插入空白关键帧,再按 F9 键进入代码编辑状态,输入如图 8-23 所示的控制代码。

```
cd02_an.addEventListener(MouseEvent.MOUSE_OVER,cd02)
function cd02(Event:MouseEvent) {
    gotoAndStop(1);
    }
cd03_an.addEventListener(MouseEvent.MOUSE_OVER,cd03)
function cd03(Event:MouseEvent) {
    gotoAndStop(2);
    }
cd1_an.addEventListener(MouseEvent.MOUSE_OVER,cd1)
function cd1(Event:MouseEvent) {
    gotoAndStop(2);
    }
cd2_an.addEventListener(MouseEvent.MOUSE_DOWN,cd2)
function cd2(Event:MouseEvent) {
    fscommand("quit");
    }
cd3_an.addEventListener(MouseEvent.MOUSE_DOWN,cd3)
function cd3(Event:MouseEvent) {
    (this.parent as MovieClip).gotoAndPlay(14);
    }
cd4_an.addEventListener(MouseEvent.MOUSE_DOWN,cd4)
function cd4(Event:MouseEvent) {
    (this.parent as MovieClip).gotoAndStop("a5");
    }
cd5_an.addEventListener(MouseEvent.MOUSE_DOWN,cd5)
function cd5(Event:MouseEvent) {
    (this.parent as MovieClip).gotoAndStop("a4");
    }
cd6_an.addEventListener(MouseEvent.MOUSE_DOWN,cd6)
function cd6(Event:MouseEvent) {
    (this.parent as MovieClip).gotoAndStop("a3");
    }
cd7_an.addEventListener(MouseEvent.MOUSE_DOWN,cd7)
function cd7(Event:MouseEvent) {
    (this.parent as MovieClip).gotoAndStop("a2");
    }
```

图 8-23 编写第 2 帧代码

8.2 制作课件主体

课件主体主要是根据课件内容设计的，分成若干部分，分别制作为影片剪辑或者场景。这里采用影片剪辑的方式将课件主体分成"演示""探究"和"练习"3个模块。

8.2.1 制作"演示"模块

课件"电生磁"的"演示"模块用于演示奥斯特实验，单击"闭合"开关，小磁针旋转；单击"定义"按钮，呈现定义，效果如图 8-24 所示。

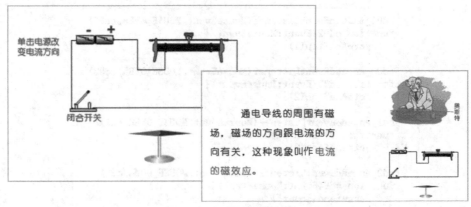

图 8-24 "演示"模块效果图

播放课件的"演示"模块,可以发现按照电源方向可以将动画分成两大部分;再按照开关的闭合又可以将动画分成两个小部分,下面通过添加图层分别制作这些部分。

 跟我学

新建"演示"元件

新建一个"演示"影片剪辑,并创建"底图""电池""线条"和"开关"等图层。

1. 新建"演示"元件　选择"插入"→"新建元件"命令,新建"演示"影片剪辑,新建"底图""电池""线条"和"开关"等图层,效果如图 8-25 所示。

图 8-25 新建"演示"元件

2. 制作"底图"图层　单击"底图"图层,按图 8-26 所示操作,制作"底图"图层。

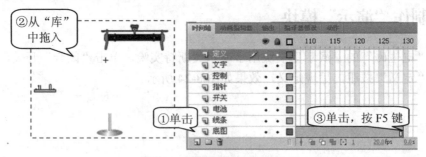

图 8-26 制作"底图"图层

3. **制作"电池"层第 1 帧** 单击"电池"层的第 1 帧，按图 8-27 所示操作，制作"电池"层的第 1 帧。

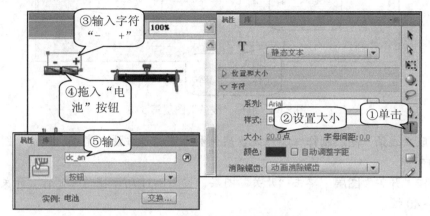

图 8-27 制作"电池"层第 1 帧

4. **制作"电池"层第 65 帧** 单击"电池"层的第 65 帧，按 F6 键，选择"修改"→"变形"→"水平翻转"命令，按图 8-28 所示操作，修改"电池"按钮名称。

图 8-28 制作"电池"层第 65 帧

5. **完成"电池"图层制作** 单击"电池"层的第 129 帧，按 F5 键插入帧，完成"电池"图层的制作。

6. **制作"线条"图层第 1 帧** 单击"线条"图层，按图 8-29 所示操作，制作"线条"图层的第 1 帧。

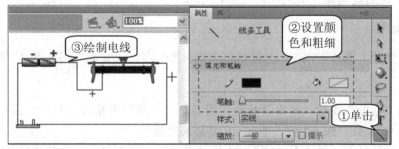

图 8-29 制作"线条"图层第 1 帧

7. **制作"线条"图层第 5 帧** 单击"线条"图层的第 5 帧，按 F6 键插入关键帧，按图 8-30 所示操作，制作"线条"图层的第 5 帧。

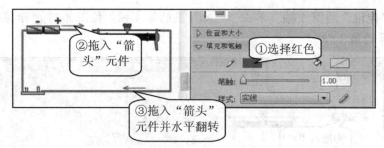

图 8-30　制作"线条"图层第 5 帧

8. **完成"线条"图层制作**　参照光盘实例和上述操作方法,完成"线条"图层其他帧的制作。

9. **制作"开关"图层**　单击"开关"图层,按图 8-31 所示操作,制作"开关"层的第 1～40 帧。

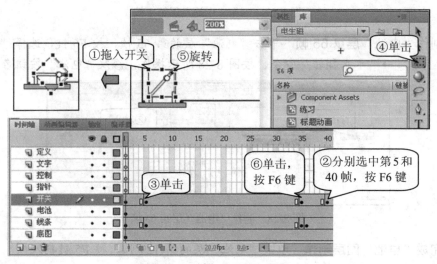

图 8-31　制作"开关"图层

10. **创建动画**　分别单击"开关"图层的第 1、35 帧,选择"插入"→"传统补间"命令,创建动画。用同样的方法,完成"开关"图层其他帧的制作。

创建其他图层

在"演示"影片剪辑中,分别选取"指针""控制""文字"和"定义"图层,并进行制作。

1. **制作"指针"图层**　单击"指针"图层,从"库"中拖入"指针"图形元件,再分别选中第 5、35、64 帧,各按 F6 键插入关键帧。

2. **创建补间动画**　单击第 35 帧,选择"修改"→"变形"→"顺时针旋转 90 度"命令,按图 8-32 所示操作,创建补间动画。

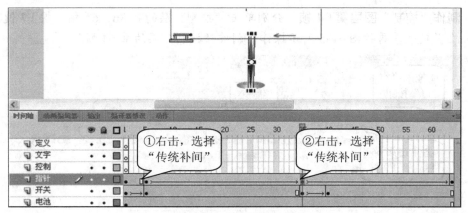

图 8-32 创建补间动画

3. **完成"指针"图层制作** 参照光盘实例和上述操作的方法,完成"指针"图层其他帧的制作。

4. **制作"控制"图层第 1 帧** 单击"控制"图层的第 1 帧,按图 8-33 所示操作,制作"控制"层的第 1 帧。

图 8-33 制作"控制"图层第 1 帧

5. **制作"控制"图层第 35 帧** 分别单击"控制"图层第 2、35 帧,各按 F7 键插入空白关键帧,再按图 8-34 所示操作,制作"控制"层第 35 帧。

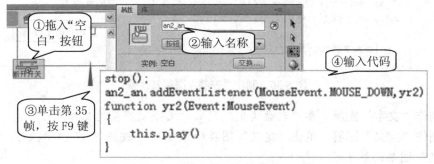

图 8-34 制作"控制"图层第 35 帧

6. **制作"控制"图层第 64 帧** 分别单击"控制"层的第 36、64 帧,按 F7 键插入空白关键帧,再按图 8-35 所示操作,制作"控制"层的第 64 帧。

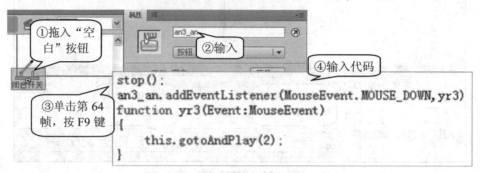

图 8-35 制作"控制"图层第 64 帧

7. **制作"控制"图层其他帧** 用同样的方法,分别单击"控制"层第 65、66、99、100、129 帧,按 F7 键插入空白关键帧,从"库"面板中拖入"空白"按钮,分别命名为"an4_an、an5_an、an6_an",再对这些帧添加代码,如图 8-36 所示。

```
stop();
an4_an.addEventListener(MouseEvent.MOUSE_DOWN,yr4)
function yr4(Event:MouseEvent)
{
    play()
}
dc1_an.addEventListener(MouseEvent.MOUSE_DOWN,dc)
function dc(Event:MouseEvent)
{
    this.gotoAndStop(1);
}
```
第 65 帧

```
stop();
an6_an.addEventListener(MouseEvent.MOUSE_DOWN,yr5)
function yr5(Event:MouseEvent)
{
    play()
}
```
第 99 帧

```
stop();
an7_an.addEventListener(MouseEvent.MOUSE_DOWN,yr6)
function yr6(Event:MouseEvent)
{
    this.gotoAndPlay(65);
}
```
第 129 帧

图 8-36 制作"控制"图层其他帧

8. **制作"文字"图层** 参照光盘实例,完成"文字"图层的制作。
9. **制作"定义"图层** 单击"定义"图层的第 1 帧,按图 8-37 所示操作,制作"定义"图层的第 1 帧。

第 8 章 制作 Flash 课件实例

图 8-37 制作"定义"图层第 1 帧

10. **给"按钮"实例命名** 单击 演示 按钮,在"演示"影片剪辑时间轴上,单击"定义"层的第 1 帧,选中"定义"按钮,在"属性"面板将其命名为"dy_an"。

11. **编写"定义"图层第 1 帧代码** 单击"定义"图层的第 1 帧,按 F9 键,输入如图 8-38 所示的代码。

```
dy_an.addEventListener(MouseEvent.MOUSE_DOWN,dy1)
function dy1(Event:MouseEvent)
{
    gotoAndStop(130);
}
```

图 8-38 编写代码

12. **制作"定义"图层第 130 帧** 参照光盘实例,完成"定义"图层第 130 帧的制作。

8.2.2 制作"探究"模块

"电生磁"课件的"探究"模块是探究通电螺线管的磁场,单击电池可更改电池正负极;单击闭合开关,小磁针旋转;单击"显示隐藏磁力线"按钮,可显示磁力线动态效果,效果如图 8-39 所示。

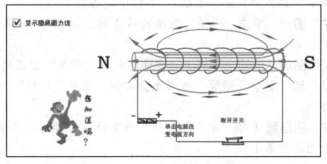

图 8-39 "探究"模块效果图

247

播放课件的"探究"模块，可以发现按照电源方向将动画分成两大部分，通电后动画主要包括指针和磁力线两个部分，磁力线可通过"显示隐藏磁力线"按钮来控制。下面通过新建图层分别制作。

 跟我学

1. **新建"探究"影片剪辑**　选择"插入"→"新建元件"命令，新建"探究"影片剪辑，并新建相应的图层，效果如图 8-40 所示。
2. **制作"电线、铁圈"图层**　按图 8-41 所示操作，制作"电线、铁圈"图层。

图 8-40　新建"探究"影片剪辑

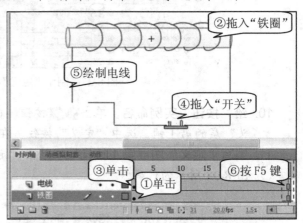

图 8-41　制作"电线、铁圈"图层

3. **制作"电池"图层**　单击"电池"图层的第 1 帧，按图 8-42 所示操作，制作"电池"图层。

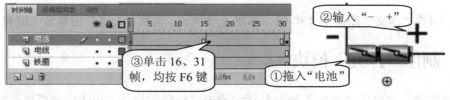

图 8-42　制作"电池"图层

4. **翻转第 16 帧的实例**　单击"电池"图层的第 16 帧，选择"修改"→"变形"→"水平翻转"命令，翻转"电池"图层第 16 帧中的实例。
5. **制作"开关"图层**　单击"开关"图层的第 1 帧，按图 8-43 所示操作，制作"开关"图层。
6. **制作"开关"图层其他帧**　参照上述方法，制作"开关"图层的其他帧。
7. **制作"指针"和"文字"图层**　参照光盘实例，完成"指针""猴子"和"文字"图层的制作。
8. **制作"按钮"图层第 1 帧**　单击"按钮"图层的第 1 帧，按图 8-44 所示操作，制作"按钮"图层的第 1 帧。

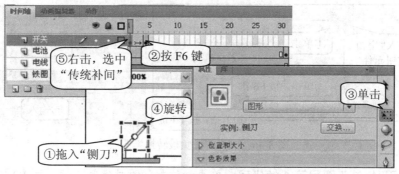

图 8-43 制作"开关"图层

图 8-44 制作"按钮"图层第 1 帧

9. **添加"CheckBox"按钮组件** 单击"按钮"图层的第 15 帧，按 F7 键插入空白关键帧，选择"窗口"→"组件"命令，按图 8-45 所示操作，添加"CheckBox"按钮组件。

图 8-45 添加"CheckBox"按钮组件

10. **添加其他元件** 从"库"面板中分别拖入"磁力线"影片剪辑和"空白"按钮元件，并分别命名为"clx""tj4_an"。

11. **制作"按钮"图层其他帧** 用同样的方法，参照光盘实例制作"按钮"图层第 16、30 帧。

12. **制作"正负极转换"图层** 选择"插入"→"新建元件"命令，按图 8-46 所示操作，新建"探究"影片剪辑，并插入图层。

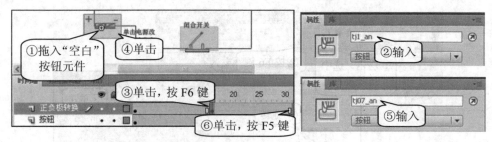

图 8-46 制作"正负极转换"图层

13. **编写"控制"图层第 1 帧代码** 单击"控制"图层的第 1 帧,按 F9 键打开代码编辑窗口,输入如图 8-47 所示的程序代码。

```
stop();
tj1_an.addEventListener(MouseEvent.MOUSE_DOWN,tj1)
function tj1(Event:MouseEvent)
{
    this.gotoAndStop(16)
}
tj2_an.addEventListener(MouseEvent.MOUSE_DOWN,tj2)
function tj2(Event:MouseEvent)
{
    this.play()
}
tj3_an.addEventListener(MouseEvent.MOUSE_DOWN,tj3)
function tj3(Event:MouseEvent)
{
    this.gotoAndStop(31)
}
```

图 8-47 编写"控制"图层第 1 帧代码

14. **编写"控制"图层第 15 帧代码** 单击"控制"图层的第 15 帧,按 F7 键插入空白关键帧,再按 F9 键打开代码编辑窗口,输入如图 8-48 所示的程序代码。

```
stop();
tj1_an.addEventListener(MouseEvent.MOUSE_DOWN,tj)
function tj(Event:MouseEvent)
{
    this.gotoAndStop(16)
}
tj4_an.addEventListener(MouseEvent.MOUSE_DOWN,tj4)
function tj4(Event:MouseEvent)
{
    this.gotoAndStop(1)
}
tj3_an.addEventListener(MouseEvent.MOUSE_DOWN,tj301)
function tj301(Event:MouseEvent)
{
    this.gotoAndStop(31)
}
clx.visible=false;
cbk.addEventListener(MouseEvent.CLICK,cd);
function cd(event)
{
    clx.visible=cbk.selected;
}
```

图 8-48 编写"控制"图层第 15 帧代码

15. **制作"控制"图层其他帧** 用同样的方法,参照光盘实例编写"控制"图层的第 16、30 帧的控制代码。

8.2.3 制作"练习"模块

练习模块是课件中不可缺少的部分,上一章专门讲解了选择题、判断题、填空题等课件的制作方法。不同的是,"电生磁"课件中选用了单选题和填空题两种类型的习题,而且做好一题批改一题,然后进行下一题的练习,效果如图 8-49 所示。

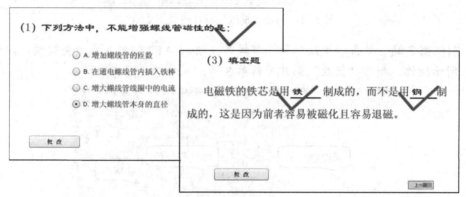

图 8-49 课件"练习"模块效果图

播放课件的试题模块,可以发现试题包括题目、选项、批改按钮、上一题按钮、下一题按钮。制作时,先建立这几个图层,然后再编写控制代码,实现相应的功能。

跟我学

新建"批改"影片剪辑

选择"插入"→"新建元件"命令,新建一个"批改"影片剪辑元件,并新建相关图层,完成对习题答案的判断批改任务。

1. **新建"批改"影片剪辑** 按图 8-50 所示操作,新建"批改"影片剪辑元件,并在"代码"编辑区给第 1 帧添加控制代码"stop()"。

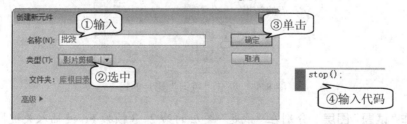

图 8-50 新建"批改"影片剪辑

2. **制作第 2 帧** 单击"批改"影片剪辑第 2 帧,按 F7 键插入空白关键帧,按图 8-51 所示操作,制作"批改"影片剪辑第 2 帧。

图 8-51 创建"批改"影片剪辑第 2 帧

3. **制作第 3 帧** 单击"批改"影片剪辑第 3 帧，按 F7 键插入空白关键帧，按图 8-52 所示操作，制作"批改"影片剪辑第 3 帧。

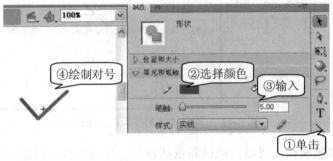

图 8-52 制作"批改"影片剪辑第 3 帧

新建"练习"影片剪辑

新建一个"练习"影片剪辑元件，并新建相关图层。在"习题"层的第 1、2、3 帧舞台上分别放置 3 个小题题目。

1. **新建"练习"影片剪辑** 选择"插入"→"新建元件"命令，新建"练习"影片剪辑，并新建相关的图层，效果如图 8-53 所示。

图 8-53 新建"练习"影片剪辑

2. **制作"试题"图层** 分别在"试题"图层的第 2、3 帧按 F6 键插入关键帧，选择"文本"工具 T，分别在第 1、2、3 帧输入习题题目，如图 8-54 所示。

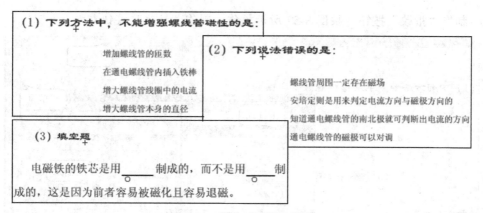

图 8-54 制作"试题"图层

3. **拖入"批改"影片剪辑** 单击"试题"图层的第 3 帧,将"批改"影片剪辑 2 次拖入填空题的横线处,并分别命名为"pg1_1、pg1_2",如图 8-55 所示。

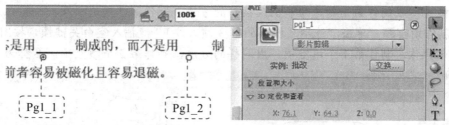

图 8-55 拖入"批改"影片剪辑

4. **制作选项 A** 单击"选项"图层的第 1 帧,选择"窗口"→"组件"命令,按图 8-56 所示操作,制作选项 A。

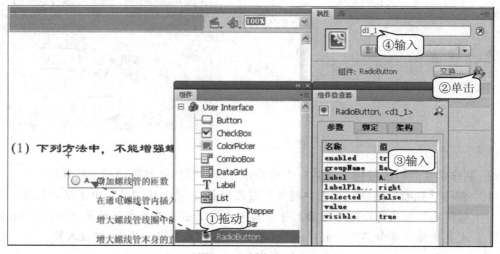

图 8-56 制作选项 A

5. **制作其他选项** 同样的方法分别 3 次拖入 RadioButton 按钮,设置 label 值为"B.""C.""D.",设置名称为"d1_2""d1_3""d1_4",完成其他选项的制作。

6. **制作"批改"按钮** 按图 8-57 所示操作，制作"批改"按钮。

图 8-57 制作"批改"按钮

7. **制作第 2 题选项及批改按钮** 单击"选项"图层的第 2 帧，按 F7 键插入空白关键帧，参照制作第 1 题选项和批改按钮的方法，制作第 2 题选项及批改按钮。
8. **制作填空题** 单击"选项"图层的第 3 帧，按 F7 键插入空白关键帧，按图 8-58 所示操作，制作第 1 个填空项。用同样的方法，制作第 2 个填空项，名称为"t2"。

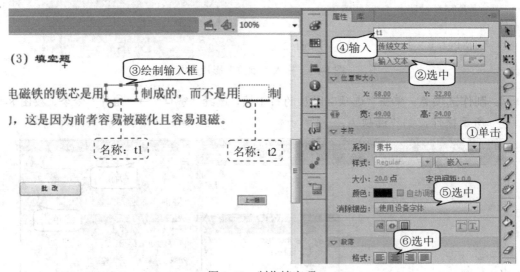

图 8-58 制作填空项

9. **制作填空题批改按钮** 用第 6 步的操作方法，制作填空题的批改按钮。
10. **制作"判断"图层** 单击"判断"图层的第 1 帧，从"库"中拖动"批改"影片剪辑元件到选择题题干后面，并命名为"dc_mc"，单击本层的第 2 帧，按 F6 键插入关键帧，并命名为"dc1_mc"，单击本层的第 3 帧，按 F5 键插入帧。

制作其他图层

在"练习"影片剪辑中，分别选中"前进""后退"及"代码"图层，插入相关按钮，添加控制代码。

1. **制作"前进"图层** 单击"前进"图层的第 1 帧,选择"窗口"→"公用库"→"按钮"命令,按图 8-59 所示操作,拖入按钮并命名。
2. **修改按钮文字** 双击"qj"按钮,按图 8-60 所示操作,修改按钮文字为"下一题"。

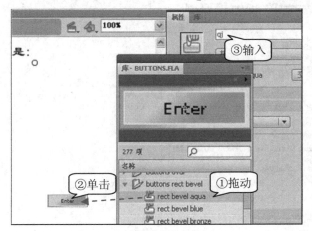
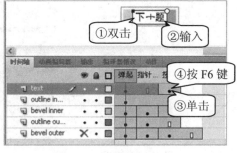

图 8-59 制作"前进"图层　　　　　　　　图 8-60 修改按钮文字

3. **插入帧** 单击 练习 按钮返回"练习"影片剪辑编辑窗口,单击"前进"图层的第 2 帧,按 F6 键插入关键帧,并将舞台上的"下一题"按钮实例名称更改为"qj2"。
4. **制作"后退"图层** 用制作"前进"图层的方法,参照光盘实例,完成"后退"图层的制作。
5. **编写"代码"图层第 1 帧代码** 单击"代码"图层的第 1 帧,按 F9 键打开代码编辑窗口,输入如图 8-61 所示的控制代码。

```
stop();
dc_mc.stop();

tj_btn.addEventListener(MouseEvent.CLICK,cd);

function cd(event)
{
  if(d1_4.selected)
  {
    dc_mc.gotoAndStop(3);
  }
  else
  {
    dc_mc.gotoAndStop(2);
  }
}

qj.addEventListener(MouseEvent.MOUSE_DOWN,qj1);

function qj1(Event:MouseEvent)
{
    nextFrame();
}
```

图 8-61 编写"代码"图层第 1 帧代码

6. **编写"代码"图层第 2 帧代码** 单击"代码"图层的第 2 帧,按 F7 键插入空白关键帧，再按 F9 键打开代码编辑窗口，输入如图 8-62 所示的控制代码。

```
stop();
dc1_mc.stop();

tj1_btn.addEventListener(MouseEvent.CLICK,cd1);

function cd1(event)
{
  if(d2_1.selected)
  {
  dc1_mc.gotoAndStop(3);
  }
  else
  {
    dc1_mc.gotoAndStop(2);
  }
}

qj2.addEventListener(MouseEvent.MOUSE_DOWN,qj3)

function qj3(Event:MouseEvent)
{
    nextFrame();
}

ht.addEventListener(MouseEvent.MOUSE_DOWN,ht0)

function ht0(Event:MouseEvent)
{
    prevFrame();
}
```

图 8-62　编写"代码"图层第 2 帧代码

7. **编写"代码"图层第 3 帧代码**　单击"代码"图层的第 3 帧，按 F7 键插入空白关键帧，再按 F9 键，输入如图 8-63 所示的控制代码，完成"练习"影片剪辑的制作。

```
stop();
pg1_1.stop();
pg1_2.stop();

tj2_btn.addEventListener(MouseEvent.CLICK,cd3);

function cd3(event)
{
  if(t1.text=="铁")
  {
    pg1_1.gotoAndStop(3);
  }
  else
  {
    pg1_1.gotoAndStop(2);
  }

  if(t2.text=="钢")
  {
    pg1_2.gotoAndStop(3);
  }
  else
  {
    pg1_2.gotoAndStop(2);
  }
}

ht1.addEventListener(MouseEvent.MOUSE_DOWN,ht2)

function ht2(Event:MouseEvent)
{
    prevFrame();
}
```

图 8-63　编写"代码"图层第 3 帧代码

8.3 完善、导出和评价课件

在课件开头和主体部分完成后,剩下的任务就是将开头和主体部分合成起来,完善课件,然后再对课件进行测试。

8.3.1 完善课件

回到主场景中,建立相关图层,再将前面制作的影片剪辑拖到相关图层中,完成课件的制作。

跟我学

1. **新建主场景图层**　单击 场景1按钮,返回场景1,新建如图8-64所示的图层。
2. **制作位置为"背景"图层**　单击"背景"图层第1帧,从"库"中拖动"背景图.jpg"到舞台上,并在"属性"中设置位置为"x:0.00, y:0.00";单击第6帧按F5键插入帧。
3. **制作"控制菜单"图层**　单击"控制菜单"图层第1帧,从"库"面板中拖入"菜单"影片剪辑;单击第6帧按F5键插入帧。
4. **制作"内容"图层**　分别单击"内容"图层的第1~6帧,按F6键插入关键帧,修改帧的名称为a1~a5,参照光盘实例,从"库"面板中拖入元件到对应帧的舞台中。
5. **制作"大标题"和"小标题"图层**　参照光盘实例,完成"大标题"和"小标题"图层的制作,具体的图层效果如图8-65所示。

图8-64　新建主场景图层

图8-65　制作"大标题"和"小标题"图层

6. **测试课件**　选择"控制"→"测试影片"命令,对影片进行测试,查看效果。
7. **修改课件**　针对测试中没有达到预期效果的部分内容,重新修改,再进行测试。
8. **保存课件**　选择"文件"→"保存"命令,保存课件。

8.3.2 导出与评价课件

Flash课件测试后,系统自动导出一个扩展名为.swf的文件,该文件在没有安装Flash播放器的计算机上是不能播放的,因此,可以进一步将其导出为.exe文件。一个好的课件是符合评价标准的。

跟我学

1. **运行课件**　双击"电生磁(终).swf"文件,播放课件效果如图 8-66 所示。

图 8-66　运行课件

2. **导出 EXE 文件**　按图 8-67 所示操作,创建播放器,并导出文件名为"电生磁.exe"文件。

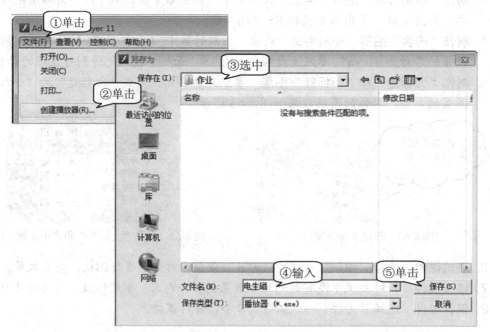

图 8-67　导出 EXE 文件

3. **评价课件**　在实际教学中使用课件,观察课件使用效果,结合图 8-68 所示的评选指标和要素对课件进行评价,并进行修改、完善。

评选指标	分值	评选要素
课件内容	50	教学目标、对象明确，教学策略得当； 内容丰富、科学，表述准确，术语规范； 选材适当，表现方式合理； 语言简洁、生动，文字规范； 素材选用恰当，结构合理。
技术运用	30	界面设计合理，风格统一，有必要的交互； 运行流畅，操作简便、快捷，媒体播放可控； 导航方便合理，路径可选； 新技术运用有效； 有清晰的文字介绍和帮助文档。
创新与实用	20	立意新颖，具有想象力和个性表现力； 能够运用于实际教学中，有推广价值。

图 8-68　评价课件

8.4　小结

本章通过制作一个完整的课件制作实例，从整体上把握课件的设计，进一步提高制作技巧。从制作课件开头、课件主体及课件完善和测试等几个方面，对使用 Flash 课件制作的技巧进行完整呈现，本章需要掌握的主要内容如下。

- 制作课件开头：图层的建立，图形元件、按钮元件的制作，编写简单的 ActionScript 3.0 控制代码。
- 制作课件主体：详细介绍影片剪辑的制作方法和技巧，控制代码的编写等。
- 完善、导出和评价课件：主要介绍元件的合成，课件的测试。